Centre international d'études pédagogiques

Réussir le DELF Prim

A1.1
A1

Dorothée Dupleix
Christine Tagliante

didier

Illustrations :
Elsa Blanchard
Johanna Crainmark
Fabienne Moreau

Pictogrammes :
Julien Malland et Johanna Crainmark

Conception graphique de la couverture : Solène Ollivier

Mise en pages : Syntexte

Photogravure : SCEI

Édition : Pascale Spitz

éditions didier s'engagent pour l'environnement en réduisant l'empreinte carbone de leurs livres. Celle de cet exemplaire est de : **600 g éq. CO$_2$** Rendez-vous sur www.editionsdidier-durable.fr

PAPIER À BASE DE FIBRES CERTIFIÉES

« Le photocopillage, c'est l'usage abusif et collectif de la photocopie sans autorisation des auteurs et des éditeurs. Largement répandu dans les établissements d'enseignement, le photocopillage menace l'avenir du livre, car il met en danger son équilibre économique. Il prive les auteurs d'une juste rémunération. En dehors de l'usage privé du copiste, toute reproduction totale ou partielle de cet ouvrage est interdite. »
« La loi du 11 mars 1957 n'autorisant, aux termes des alinéas 2 et 3 de l'article 41, d'une part, que les copies ou reproductions strictement réservées à l'usage privé du copiste et non destinées à une utilisation collective » et, d'autre part, que les analyses et courtes citations dans un but d'exemple et d'illustrations, « toute représentation ou reproduction intégrale, ou partielle, faite sans le consentement de l'auteur ou de ses ayants droit ou ayants cause, est illicite. » (alinéa 1er de l'article 40) – « Cette représentation ou reproduction par quelque procédé que ce soit, constituerait donc une contrefaçon sanctionnée par les articles 425 et suivants du Code pénal. »

© Les Éditions Didier, Paris 2010   ISBN 978-2-278-06413-7   Imprimé en Italie
Achevé d'imprimer en septembre 2013 par l'imprimerie Bona - Dépôt légal : 6413/04

Sommaire

Comprendre les consignes et les pictogrammes 5

Le niveau A1.1 (activités d'entraînement) 7

Compréhension de l'oral 8

Je peux comprendre une information très simple 8
Je peux comprendre des instructions très simples 10
Je peux comprendre une description très simple 12

Compréhension des écrits 14

Je peux comprendre des informations très simples 14
Je peux comprendre un message, une carte postale, une affiche ... 15
Je peux comprendre une description simple
ou des instructions simples 17

Production écrite 18

Je peux écrire des informations personnelles 18
Je peux compléter un message ou une histoire très simples 19
Je peux écrire un message très simple 20

Production orale 22

Je peux parler de moi 22

Le niveau A1 (activités d'entraînement) 25

Compréhension de l'oral 26

Je peux comprendre une information simple 26
Je peux comprendre une instruction simple 27
Je peux comprendre une description simple 28

Compréhension des écrits 30

Je peux comprendre un message personnel, une carte postale 30
Je peux comprendre des descriptions simples 32
Je peux comprendre une affiche, une publicité 34
Je peux comprendre un court article simple 36

Production écrite 38
    Je peux compléter une fiche, un formulaire 38
    Je peux écrire un petit message simple 41

Production orale 44
    Je peux parler de moi 44
    Je peux raconter, je peux échanger des informations 45
    Je demander quelque chose ou choisir quelque chose 47

Ça se passe en France… 49

En famille [Comment tu t'appelles ? / Tu as quel âge ? / Comptine pour compter jusqu'à 12 / Et tes parents, ils ont quel âge ? / L'anniversaire de tes parents / Tu t'habilles comment ? / Tu vas bien ? / Les fêtes en famille : Noël / Tu habites où ?] 50

À l'école [Septembre, c'est la rentrée ! / Qui a inventé l'école ? / L'école pour les grands / Une journée en classe / Dans ton cartable / Les petits problèmes à l'école / Vive les vacances !] 57

À l'extérieur [Les sorties / Les jeux : au jardin public ou au parc / Vocabulaire : les couleurs de la vie / Vocabulaire : les couleurs des fruits et légumes / La météo] 63

Au travail [Les commerçants de mon quartier / Les personnes qui s'occupent des autres / Mes parents travaillent… / Le jeu des métiers] 69

Les épreuves blanches A1.1 73

Compréhension de l'oral 74
Compréhension des écrits 77
Production écrite 80
Production orale 83

Les épreuves blanches A1 85

Compréhension de l'oral 86
Compréhension des écrits 88
Production écrite 92
Production orale 93

Comprendre les consignes et les pictogrammes

1. Quand tu vois ce pictogramme , il faut **cocher** la bonne case.

Exemple :

Ce petit garçon a les cheveux…

☐ blonds   ☒ bruns   ☐ roux   ☐ blancs

2. Quand tu vois ce pictogramme , il faut **entourer** la bonne réponse.

Exemple :

Quel nom d'animal commence par un « l » ?

3. Quand tu vois ce pictogramme , il faut **écrire** le bon numéro.

Exemple :

Écoute les messages et note le numéro du message sous le dessin correspondant.

Message 1 : Oh ! La jolie robe !
Message 2 : Géniales tes baskets !
Message 3 : J'adore ce short jaune et bleu !
Message 4 : Superbe, ce pull !

4   1   3   2

4. Quand tu vois ce pictogramme , il faut **écrire** un ou plusieurs mots.

Exemple :

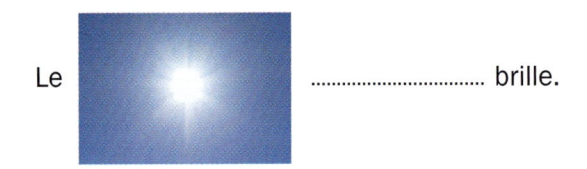

Le .... brille.

5. Quand tu vois ce pictogramme , il faut **relier** le texte au bon dessin.

Exemple :

Relie les instructions aux messages qui correspondent.

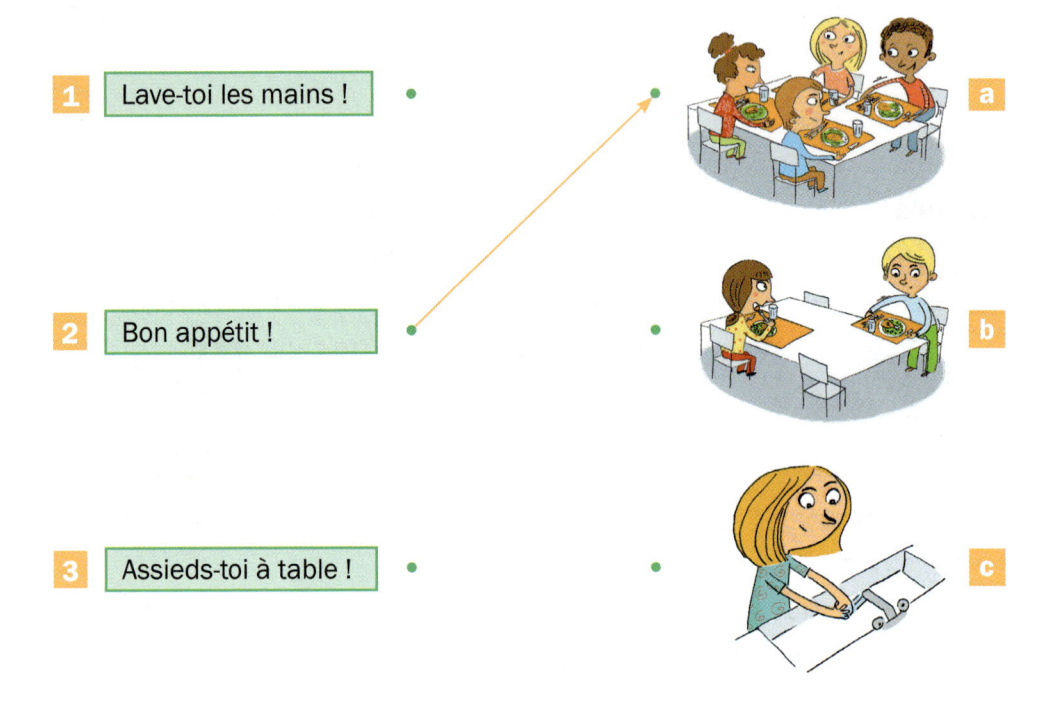

1	Lave-toi les mains !	•	•	a
2	Bon appétit !	•	•	b
3	Assieds-toi à table !	•	•	c

6. Quand tu vois ce pictogramme , il faut **colorier** le dessin.

Exemple :

Écoute et colorie les objets.

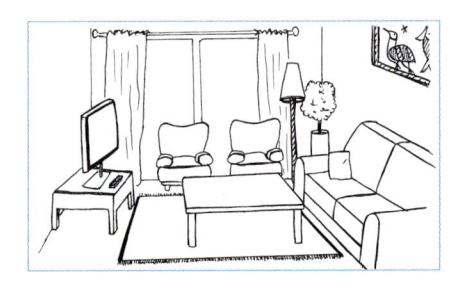

Le niveau A1.1

À ce niveau...

... quand j'écoute, je peux comprendre une instruction, une information et une description très simples.

... quand je lis, je peux aussi comprendre une information et une description très simples. Je peux comprendre un petit message, une carte postale, une affiche.

... je peux écrire des informations personnelles, mais aussi compléter une histoire simple et un petit message très simple.

... je peux parler de moi, dire ce que j'aime ou ce que je n'aime pas et faire une description très simple.

Compréhension de l'oral

Je peux comprendre une information très simple

Activité 1

Écoute les dialogues. Lis les questions et entoure le bon dessin.

1. Où est le chien ?

2. Quelle est la poupée préférée de Jane ?

Activités d'entraînement - A1.1

3. Quel est le plat préféré de Federico ?

4. Que fait Paulo après l'école ?

5. Qu'est-ce qu'il faut prendre ?

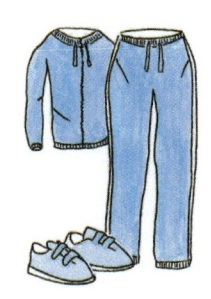

Compréhension de l'oral

Activité 2

Regarde les dessins. Écoute les messages et note le numéro du message sous le dessin correspondant.

Je peux comprendre des instructions très simples

Activité 3

Tiago et Amélie prennent le petit déjeuner.
Écoute bien les instructions. Par exemple, quand tu entends
« Mets un bol sur la table », tu dois relier le bol
et la table.

10

Activités d'entraînement - A1.1

Activité 4

Les enfants jouent à « Jacques a dit ».
Tu vas entendre des messages. Note le numéro du message sous le dessin correspondant.

MODE D'EMPLOI

Jacques donne des ordres comme par exemple :

- Jacques a dit : « Touche ton nez ».
- Jacques a dit : « Mets ta main sur ton genou gauche ».

11

Compréhension de l'oral

Je peux comprendre une description très simple

Activité 5

Écoute et colorie les objets.

Activité 6

Regarde les dessins. Écoute les dialogues et coche la case sous le dessin correspondant.

1. Quel est l'animal de Cécilia ?

2. Quel est le cartable de la jeune fille ?

Activités d'entraînement - A1.1

3. Qui est le frère du garçon ?

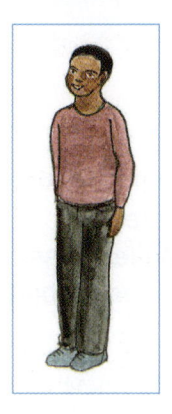

4. Où habite Paolo ?

5. Qui est la maman de Charline ?

13

Compréhension des écrits

Je peux comprendre des informations très simples

Activité 1

C'est la rentrée ! Aide Dan à préparer son cartable pour l'école.
1. Lis la liste.
2. Regarde les dessins.
3. Entoure les 4 objets que Dan doit mettre dans son cartable.

Pour le cours de dessin, apporter :

2 cahiers, des crayons de couleur, 1 gomme, des ciseaux.

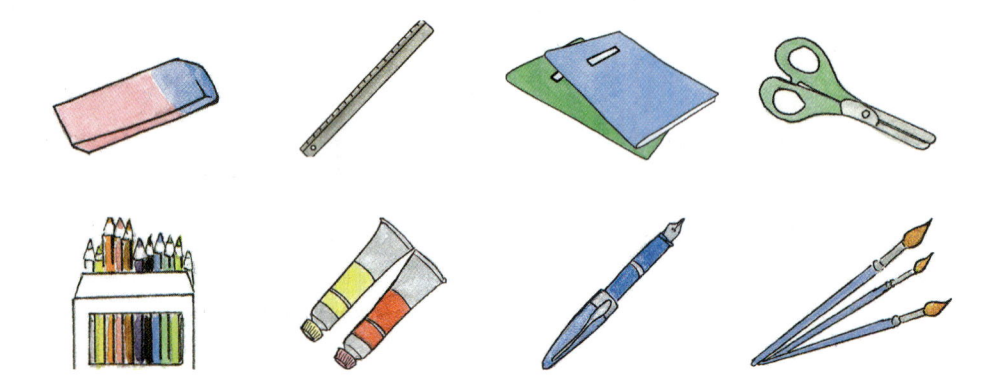

Activité 2

C'est la chandeleur ! Tu vas faire des crêpes pendant le cours de français à l'école.
1. Lis la liste.
2. Regarde les dessins.
3. Entoure 4 ingrédients qu'il faut mettre dans le bol.

Ingrédients :

50 cl de lait, 50 g de beurre, de l'huile, 4 oeufs, du sel.

Activités d'entraînement - A1.1

Je peux comprendre un message, une carte postale, une affiche

Activité 3

Lis le document et réponds aux questions.

Fête de l'école
Samedi 20 juin

10 h : ouverture des jeux pour les petits

11 h : spectacle de danse

12 h : spectacle de chansons

12 h 30 : repas des enfants

Menu enfant 5 €
Méli-mélo de pâtes
Saucisses – frites
glace

1. Quel jour est la fête de l'école ?

....

2. On peut manger :

☐ ☐ ☐ ☐

3. À 10 h, les enfants vont :

☐ chanter ☐ danser ☐ rire ☐ jouer

15

Compréhension des écrits

Activité 4

Lis le document et réponds aux questions.

Menus de la semaine

Lundi	Mardi	Jeudi	Vendredi
Tomates	Carottes	Radis	Salade
Poulet Frites	Poisson Haricots verts	Saucisse Spaghettis	Steak Riz blanc
Yaourt Pomme	Fromage Orange	Yaourt Poire	Fromage Banane

1. On peut manger du poisson le :

....

2. On ne peut pas manger :

☐ (pomme)   ☐ (raisin)   ☐ (poire)   ☐ (banane)

3. Le jeudi, les enfants mangent :

☐ des haricots   ☐ du poulet   ☐ des radis   ☐ de la salade

Activités d'entraînement - A1.1

Je peux comprendre une description simple ou des instructions simples

Activité 5

Relie les instructions aux images qui correspondent.

À LA CANTINE

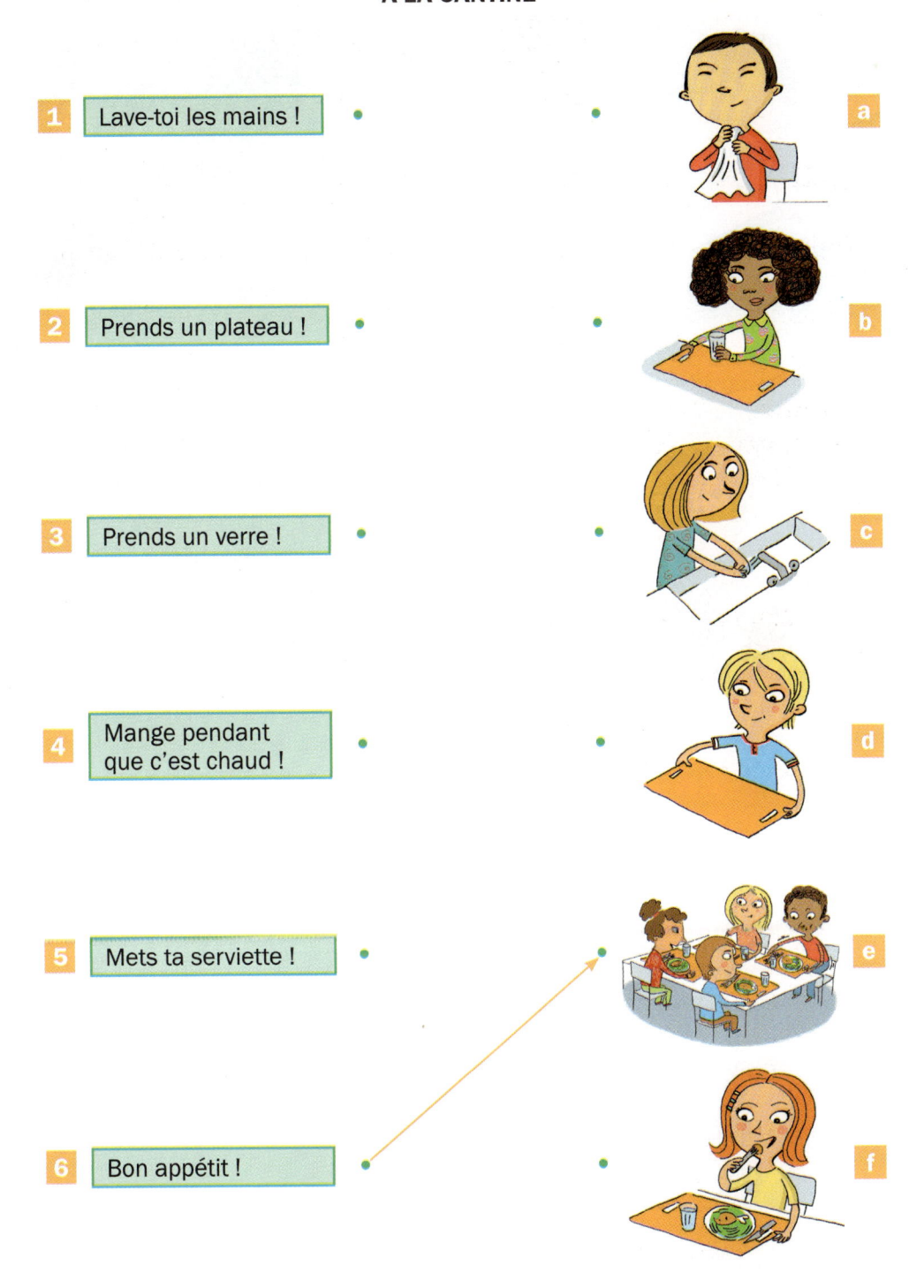

1. Lave-toi les mains !
2. Prends un plateau !
3. Prends un verre !
4. Mange pendant que c'est chaud !
5. Mets ta serviette !
6. Bon appétit !

a.
b.
c.
d.
e.
f.

Production écrite

Je peux écrire des informations personnelles

Activité 1

Samia est une nouvelle élève dans ta classe. Elle ne parle pas bien français. Regarde les dessins et aide Samia à remplir sa fiche d'inscription à la bibliothèque.

FICHE D'INSCRIPTION

Bibliothèque Marcel Pagnol

Prénom : ....

Âge : ....

École : ....

Activités préférées (2) : ....

....

Activités d'entraînement - A1.1

Je peux compléter un message ou une histoire très simples

Activité 2

Complète la carte postale de Michaël.
Remplace les dessins par les mots, comme dans l'exemple :
J' ♥ aime .

Salut !

Vive les vacances !

Je suis content ! J' ♥ aime les vacances.

Je suis au bord de la ....

Je suis avec mon .... et ma ....

Tous les jours, je vais à la plage avec mes ....

Nous jouons au ....

Il fait très beau, il y a du ....

Je .... et je ....

Et toi, comment ça va ?

Gros bisou
Michaël

Ada Buczazer
70, rue du Devè
34160 St-Hilaire-de-Beauvoir

19

Production écrite

Je peux écrire un message très simple

Activité 3

Ta maman demande à ton papa de faire les courses.
Aide ta maman à écrire la liste (5 produits). Tu peux t'aider du dessin !

Produits :

-
-
-
-
-

Merci !
À ce soir !
Bises

Activités d'entraînement - A1.1

Activité 4

C'est l'anniversaire d'un camarade de classe. Tu dois apporter à manger.
Écris un message à ta maman pour lui demander d'acheter 5 produits. Tu peux t'aider du dessin !

Maman,

-
-
-
-
-
-
-

Production orale

Je peux parler de moi

Activité 1

Réponds aux questions de ton professeur. Par exemple :

1. Comment tu t'appelles ?
2. Où est-ce que tu habites ?
3. Quelle est ta couleur préférée ?
4. À quelle heure commence l'école le matin ?
5. Quel métier est-ce que tu aimes ?

Activité 2

Regarde les images et réponds aux questions.

1. Quel est ton animal préféré ? Pourquoi ?
2. Quel est l'animal que tu n'aimes pas ? Pourquoi ?

Activités d'entraînement - A1.1

Activité 3

Regarde les images et réponds aux questions.

1. Quelles sont tes activités préférées ? Choisis trois activités et explique pourquoi tu aimes ces activités.

2. Qu'est-ce que tu n'aimes pas faire ? Explique pourquoi.

Activité 4

1. Regarde les images et décris les personnages.

2. Réponds aux questions de ton professeur.

Le niveau A1

Qu'est-ce que tu peux faire à ce niveau ?

Quand j'écoute, je peux comprendre une instruction, une information et une description simples.

Quand je lis, je peux comprendre un message, une carte postale, une affiche, une publicité, un petit article simple.

Je peux compléter une fiche ou un formulaire et rédiger un petit message simple.

Je peux parler de moi et de ma famille, raconter un événement, demander quelque chose à quelqu'un.

Compréhension de l'oral

Je peux comprendre une information simple

Activité 1

Écoute les messages :
1. Relie le prénom de l'enfant au vêtement qui correspond.
2. Colorie le rond avec la couleur préférée de chaque enfant.

Vêtement   Enfant   Couleur préférée

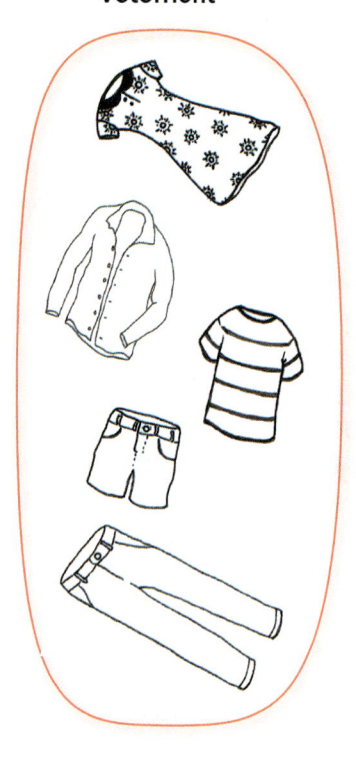

Suzy

Pablo

Isabelle

Hassen

Lenny

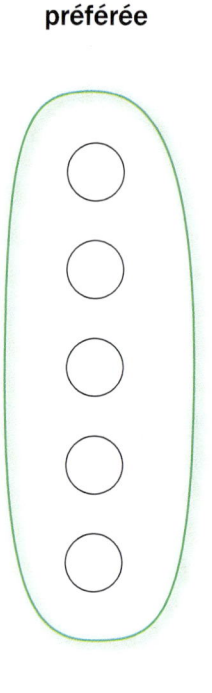

Activité 2

Regarde les dessins. Écoute les messages et note le numéro du message à côté du dessin correspondant.

26

Activités d'entraînement - A1

Je peux comprendre une instruction simple

Activité 3

Écoute les instructions et note le numéro à côté du dessin qui correspond.

Activité 4

Écoute les instructions et note le numéro à côté du dessin qui correspond.

Compréhension des écrits

Je peux comprendre un message personnel, une carte postale

Activité 1

Lis le petit message puis réponds aux questions.

Coucou Sido !

Je suis désolée parce que je ne peux pas venir à ta fête jeudi. Je suis encore malade mais je te souhaite un bon anniversaire, avec tous les amis de la classe de français ! Mon petit frère va t'apporter un cadeau surprise ! À bientôt, je reviens au début de la semaine.

Bisous, Charlotte

1. La personne qui est malade s'appelle : ....

2. Qu'est-ce qui se passe jeudi ? (Entoure le bon dessin.)

3. Qu'est-ce que le petit garçon va apporter ? (Entoure une seule image.)

4. La jeune fille revient à l'école :

☐ lundi   ☐ mercredi   ☐ vendredi

Activités d'entraînement - A1

Activité 2

Lis le petit message puis réponds aux questions.

> Coucou Bruno !
>
> J'ai besoin de toi samedi prochain pour m'aider à faire mes exercices de maths ! Viens avec ta calculatrice et ton livre.
>
> Tu peux arriver à partir de midi.
>
> À samedi, bises,
> Chloé

1. La personne qui écrit le message est :

☐ la sœur de Bruno   ☐ la professeure de Bruno   ☐ une amie de Bruno

2. Qu'est-ce qu'ils font samedi ? (Entoure le bon dessin.)

3. Qu'est-ce que Bruno va apporter ? (Entoure une seule image.)

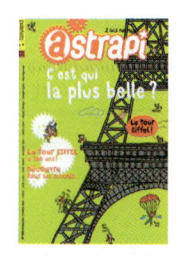

4. Bruno peut arriver à partir de quelle heure ?

Compréhension des écrits

Je peux comprendre des descriptions simples

Activité 3

Nous sommes vendredi.
Tu veux faire une fête
samedi ou dimanche
dans le parc.
Regarde la météo dans
le journal et choisis
le jour de ta fête.

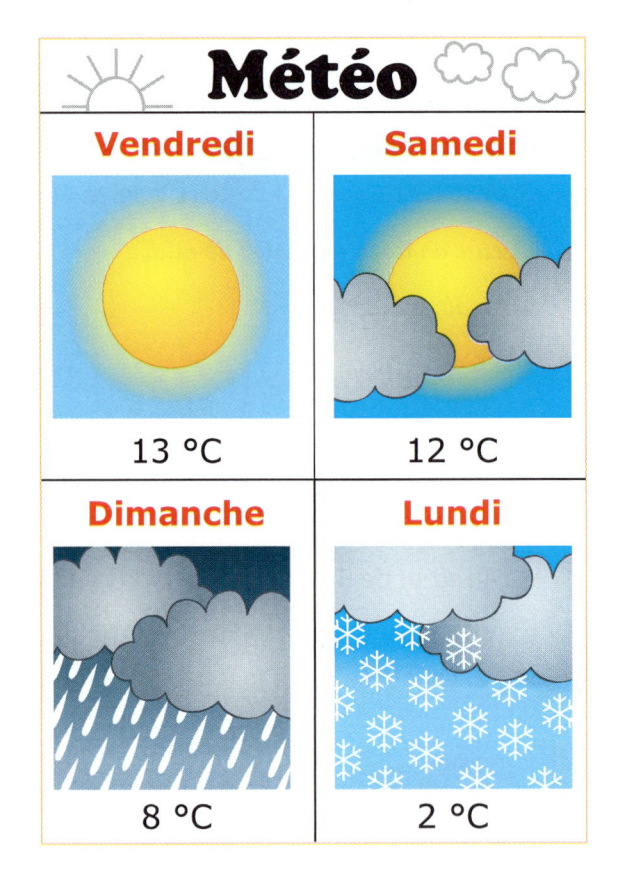

Météo

Vendredi	Samedi
13 °C	12 °C

Dimanche	Lundi
8 °C	2 °C

1. Samedi il fait :

☐ très beau et très chaud ☐ beau et chaud ☐ assez beau et frais

2. Il fait quel temps dimanche ?

....

3. Quelle est la température minimum pendant les 4 jours ?

....

4. Le jour le plus froid de la semaine est :

....

5. Quel jour a lieu ta fête ?

....

Activités d'entraînement - A1

Activité 4

Relie les instructions aux images qui correspondent.

1. La tête est un rond un peu ovale et au-dessus, il y a un triangle, la pointe en bas.

2. Les yeux sont deux ronds rouges, juste sous le triangle.

3. Deux tout petits ronds noirs font les yeux. Deux traits font les sourcils.

4. Les pieds sont faits avec des petits ronds verts et les ailes sont dessinées en orange. Un tout petit triangle représente le bec.

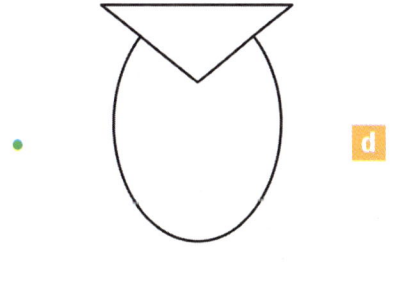

5. Maintenant tu peux colorier le hibou !

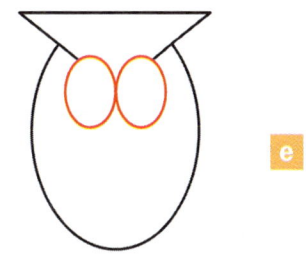

a.
b.
c.
d.
e.

Compréhension des écrits

Je peux comprendre une affiche, une publicité

Activité 5

Tu veux organiser ton anniversaire. Lis le document et réponds aux questions.

1. Tu peux fêter ton anniversaire :

☐ chez toi ☐ au parc ☐ chez un ami

2. Combien coûte l'organisation de ton anniversaire si tu invites 9 amis ?

....

3. Combien coûte le morceau de gâteau ?

....

4. Tu peux garder quel souvenir ?

☐ un livre ☐ une photo ☐ un jeu

Activités d'entraînement - A1

Activité 6

Relie les descriptions aux images qui correspondent.

1 Les joueurs prennent les graines d'un trou et les mettent une à une dans les trous suivants. Le joueur qui récolte au moins 25 graines gagne la partie.

a

2 Le joueur qui a le domino le plus fort pose son domino sur la table. Le 2e joueur pose ensuite un domino qui a le même nombre de points que le domino sur la table. Le gagnant est celui qui n'a plus de dominos.

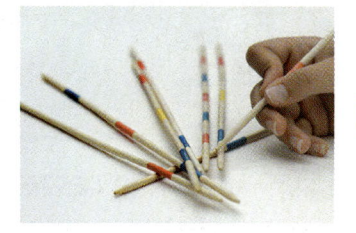

b

3 Le but du jeu est de faire exactement 10 000 points. Il faut jeter les cinq dés : 6000 points pour le « 6 », 5000 points pour le « 5 », etc.

c

4 Avant de commencer la partie, on tient les baguettes dans la main et on les laisse tomber sur une table. Elles se mélangent. On doit alors les retirer, une à une, sans faire bouger les autres.

d

35

Compréhension des écrits

Je peux comprendre un court article simple

Activité 7

Lis le texte et réponds aux questions.

ARTHUR ET LES MINIMOYS *Un film de Luc Besson*

Arthur est un petit garçon de 10 ans qui a beaucoup d'imagination. Il a peur car un méchant homme veut faire détruire la maison de sa grand-mère.

Tous les soirs, avant de dormir, sa grand-mère lui raconte des histoires. Il adore l'histoire des Minimoys qui sont des petits personnages. Ils vivent dans un monde magique. C'est son grand-père qui a inventé les Mimimoys. Arthur pense que les Minimoys existent vraiment et qu'ils peuvent l'aider.

1. Qui est le héros du film ?

☐ un petit garçon ☐ une petite fille ☐ une grand-mère ☐ un grand-père

2. Pourquoi Arthur a peur ?

....

3. Que fait Arthur tous les soirs ?

☐ Il lit des livres. ☐ Il écoute des histoires. ☐ Il regarde des films.

4. Qui a inventé les Minimoys ?

☐ sa grand-mère ☐ ses parents ☐ son grand-père

Activités d'entraînement - A1

Activité 8

Lis le texte et réponds aux questions.

> **VIVE LE CARNAVAL !**
>
> En France, on fête le carnaval au mois de février après le mardi gras. Les habitants se déguisent avec des costumes pour défiler dans les rues en chantant et en dansant.
>
> À l'école, les enfants se déguisent aussi, ils fabriquent des masques d'animaux ou des chapeaux rigolos.
>
> Dans chaque région de France, on prépare des gâteaux : des beignets, des bugnes, des gaufres ou des crêpes…
>
> Il y a des carnavals dans beaucoup de villes françaises : Nice, Dunkerque, Pézenas, Roman, Mulhouse, Paris…

1. En France, le carnaval a lieu en :

....

2. Que font les gens dans la rue ?

☐   ☐   ☐

3. À l'école, les enfants fabriquent :

☐   ☐   ☐   ☐

4. Qu'est-ce qu'on prépare pour le carnaval ? (Écris 1 réponse.)

....

5. Dans quelles villes françaises tu peux fêter le carnaval ? (Écris 2 villes.)

....

Production écrite

Je peux compléter une fiche, un formulaire

Activité 1

Tu veux t'abonner à ce magazine. Complète la fiche.

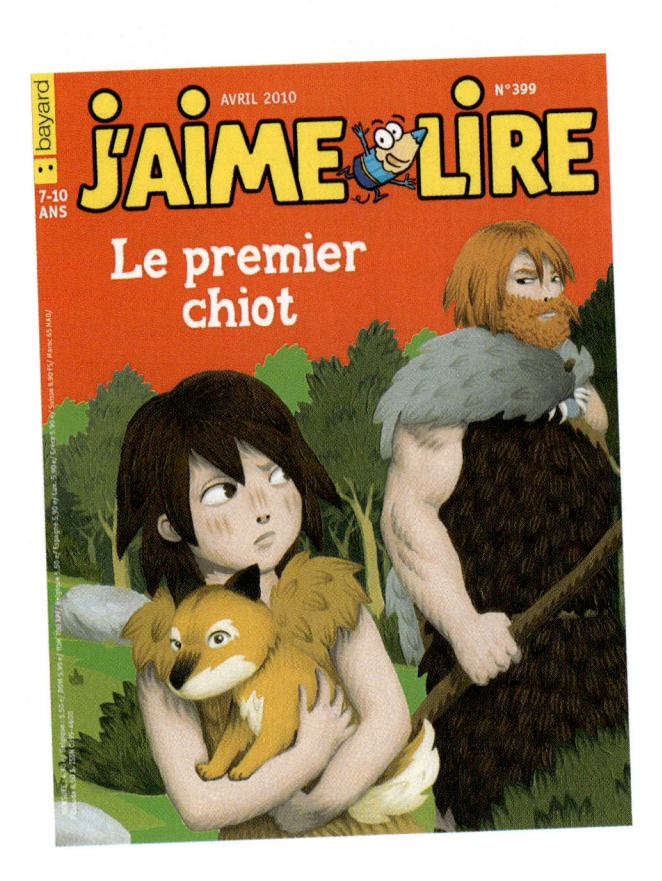

1 AN – 12 NUMÉROS – 59,80 €

Nom : ....

Prénom : ....

Âge : ....

Adresse : ....

Ville : ....

J'aime lire des histoires qui parlent de :

- ....

- ....

Activités d'entraînement - A1

Activité 2

Tu veux t'inscrire à la bibliothèque de l'école. Complète la fiche d'inscription.

INSCRIPTION À LA BIBLIOTHÈQUE
Merci de remplir le questionnaire suivant :
Nom : ....
Prénom : ....
Date de naissance : ....
Adresse : ....
Ville : ....
Livres préférés :
• ....
• ....

39

Production écrite

Activité 3

Tu veux écrire un petit texte dans le journal Astrapi. Remplis le formulaire.

> **B**onjour Astrapi !
> J'ai un problème : j'ai tellement d'Astrapi que je n'ai plus de place où les ranger, alors je les laisse traîner partout, et ça énerve ma mère ! Peux-tu m'aider ?
>
> Clara, 11 ans

- Ah, là, là, trop d'Astrapi ! Tu pourrais déjà les mettre tous en pile dans un coin de ta chambre, cela prendrait moins de place. Sinon, trouve-leur des rangements : de jolies boîtes en carton que tu as décorées, une caisse en plastique transparente, par terre ou sous ton lit ! Tu peux aussi dégager de la place sur une étagère, et les classer à la verticale ou à plat, comme si tu créais une petite bibliothèque. Tu verras, ta mère sera moins énervée et toi, tu t'y retrouveras mieux !

À vous la parole !

Si tu veux témoigner pour la rubrique Lulu, découpe ce coupon, remplis-le, mets-le dans une enveloppe timbrée et envoie-le à : Astrapi/Lulu, 18, rue Barbès, 92128 Montrouge Cedex.
Un journaliste d'Astrapi te téléphonera peut-être. Ton adresse et ton téléphone ne seront donnés à personne. Seule la rédaction d'Astrapi aura le droit de s'en servir.

Prénom : ....

Né(e) le : ....

Adresse : ....

Téléphone : ....

@ : ....

Tes 2 activités préférées : ....

- ....

- ....

Activités d'entraînement - A1

Je peux écrire un petit message simple

Activité 4

Tous les élèves de la classe écrivent une carte postale aux élèves d'une classe en France. Écris ta carte et raconte une journée de classe (5 lignes maximum). Tu peux t'aider des illustrations.

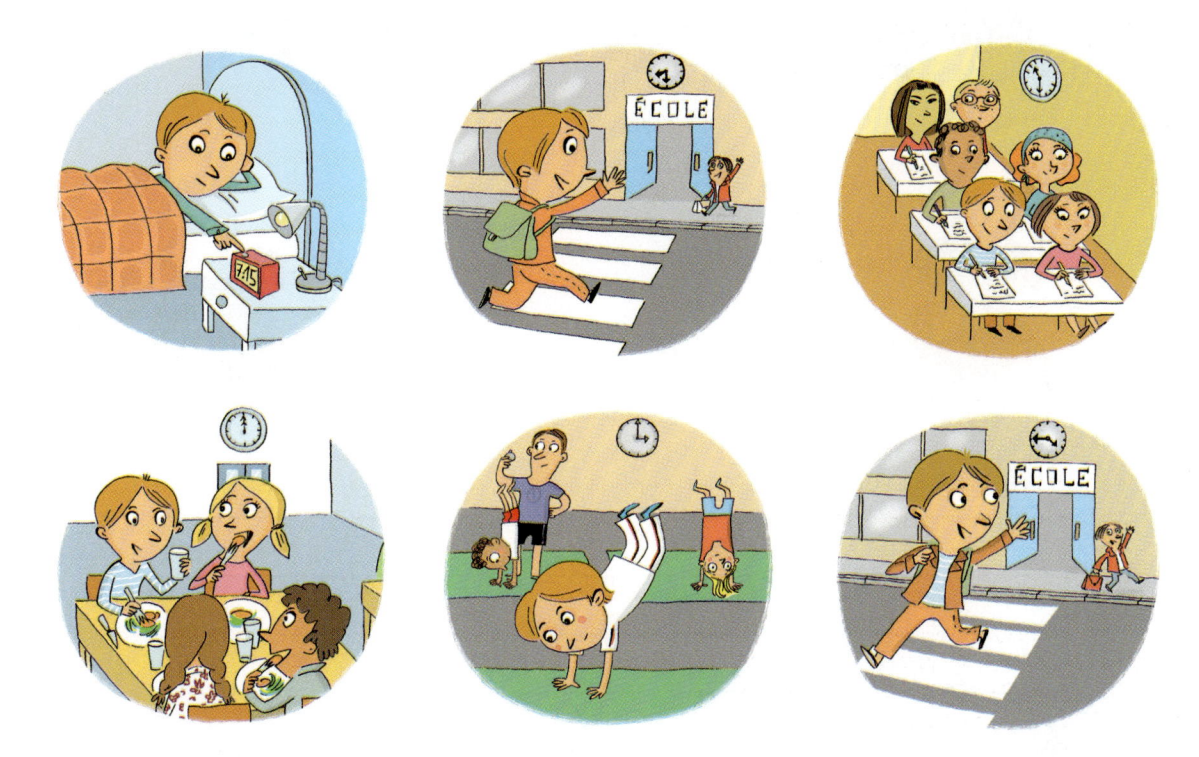

École Georges Brassens
54, canal Saint-Martin
75011 Paris

I- FRANCE

Production écrite

Activité 5

Envoie une lettre au journal Astrapi pour présenter ton héros préféré. Comment est-il habillé ? Qu'est-ce qu'il fait ?
Tu peux t'aider des illustrations ! (Écris 5 lignes maximum.)

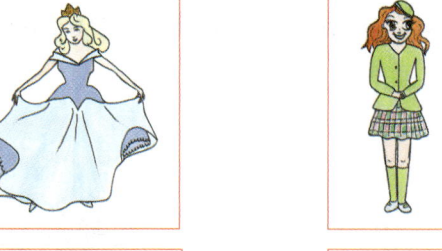

....
....
....
....
....

Activité 6

Tu écris une lettre à un(e) ami(e) français(e) pour présenter tes nouveaux amis à l'école. Fais une description de tes 4 amis préférés. Pour t'aider, tu peux penser à tes meilleurs amis ! (Écris 5 lignes maximum.)

Cher / Chère ....
....
....
....
....
....

Activités d'entraînement - A1

Activité 7

La semaine prochaine, tu organises une fête pour ton anniversaire. Écris une carte en français à tes amis pour les inviter à ta fête.
N'oublie pas de dire à tes amis d'apporter des affaires pour jouer (5 lignes maximum). Tu peux t'aider des images !

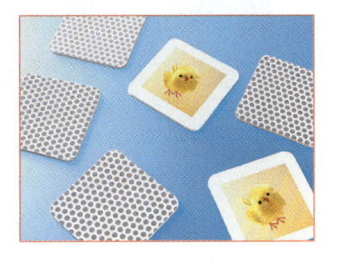

Chers amis,
....
....
....
....
....

43

Production orale

Je peux parler de moi

Activité 1

Regarde les images ci-dessous. Dis ce que tu vois puis réponds à la question écrite sous l'image.

1. À l'école, quelle est ta matière préférée ?

2. Quel est le métier de ton papa / ta maman ?

3. Quel est ton animal préféré ?

4. Qu'est-ce que tu fais après l'école ?

5. Tu as des frères et sœurs ? Ils ont quel âge ? Qu'est-ce qu'ils font ?

6. Où est-ce que tu habites ?

Activités d'entraînement - A1

Activité 2

Réponds aux questions de ton professeur. Par exemple :

1. Tu as un(e) ami(e) ? Comment est-ce qu'il / elle s'appelle ?
2. Est-ce que tu vas souvent au cinéma ? Quels films tu aimes ?
3. Est-ce que professeur de français, c'est un bon métier ?
4. Tu aimes ton école ? Qu'est-ce que tu aimes à l'école ?

Je peux raconter, je peux échanger des informations

Activité 3

Choisis une illustration et présente les personnages.

Production orale

Activité 4

Regarde ces illustrations qui racontent une histoire.
Raconte cette histoire. Dis ce qui se passe dans chaque illustration.

Activités d'entraînement - A1

Je peux demander quelque chose ou choisir quelque chose

Activité 5

Choisis une activité que tu veux faire aujourd'hui. Tu vas en parler avec ton professeur.

1. Regarder un conte ou un documentaire.

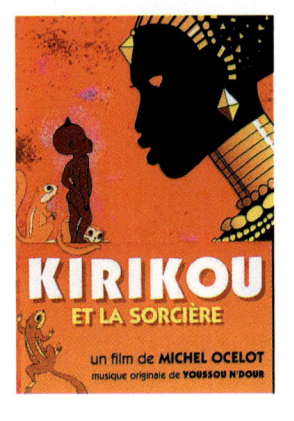

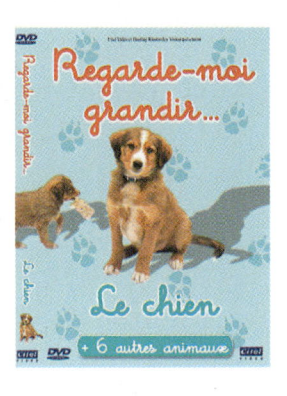

2. Faire du sport.

3. Aller choisir un cadeau d'anniversaire pour un(e) ami(e).

Ça se passe en France...

En famille

Comment tu t'appelles ?

Chaque année, on publie le guide des prénoms à la mode. Les parents peuvent y choisir le prénom de leur enfant.

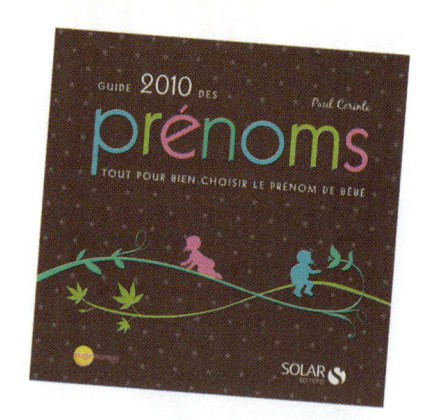

Voici les cinq prénoms à la mode, en France, pour les garçons :

1er	Enzo	Enzo aime sa famille et a beaucoup d'amis.
2e	Lucas	Lucas est gentil et poli.
3e	Mathis	Mathis est drôle et sage.
4e	Nathan	Nathan est bon et courageux.
5e	Raphaël	Raphaël est sympathique et intelligent.

Et voici les cinq prénoms les plus à la mode pour les filles :

1er	Emma	Emma est jolie et a beaucoup de courage.
2e	Clara	Clara est passionnée et a de bonnes relations avec les autres.
3e	Léa	Léa est généreuse et rêveuse.
4e	Manon	Manon est toujours optimiste et elle a beaucoup de volonté.
5e	Chloé	Chloé aime réfléchir et elle est très indépendante.

À toi ! Réponds aux questions. Coche « fille » ou « garçon » et recopie son prénom. Attention, il y a parfois deux prénoms à recopier !

	Fille	Garçon	Prénom(s)
Qui est gentil et poli ?		X	Lucas
Qui a beaucoup de volonté ?			
Qui est sympathique ?			
Qui est toujours drôle ?			
Qui a de bonnes relations avec les autres ?			
Qui a beaucoup d'amis ?			
Qui est généreuse et rêveuse ?			
Qui a du courage ?			
Qui aime réfléchir ?			

En famille

Tu as quel âge ?

À toi ! Entoure ton âge.

| 1 an | 2 ans | 3 ans | 4 ans | 5 ans | 6 ans |
| 7 ans | 8 ans | 9 ans | 10 ans | 11 ans | 12 ans |

Comme dans tous les pays du monde, les enfants français attendent avec impatience leur anniversaire.

- **Avant leur anniversaire**, ils reçoivent des cartes d'anniversaire.

- **Pendant leur anniversaire**, ils invitent leurs amis à la maison ou au restaurant. Ils font la fête, se déguisent, s'amusent. Puis ils soufflent leurs bougies !

- **Après leur anniversaire**, comme tous les enfants du monde, ils aident leur mère à ranger, puis ils rêvent au prochain anniversaire...

À toi ! Compte les bougies et écris en chiffres et en lettres combien de bougies il y a.

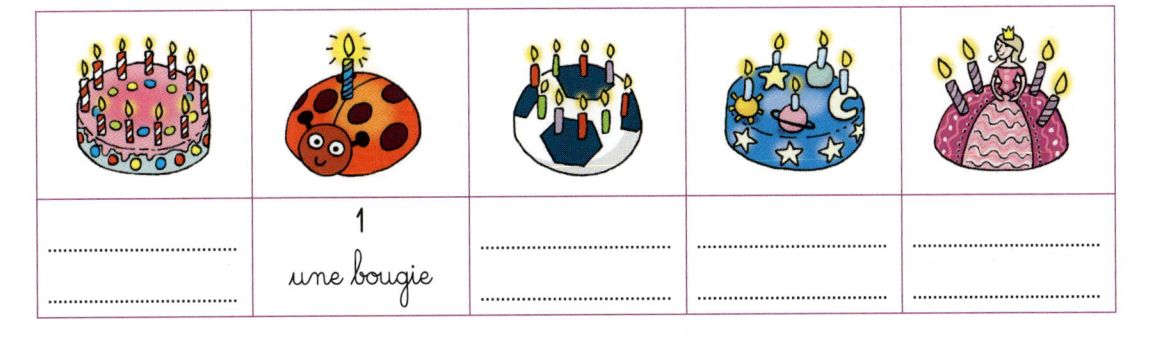

	1			
....	*une bougie*	....	....	....

51

En famille

Comptine pour compter jusqu'à 12

À toi ! Écoute la comptine.

1, 2, 3 je m'en vais au bois
4, 5, 6 cueillir des cerises
7, 8, 9 dans un panier neuf
10, 11, 12 elles sont toutes rouges !

Et tes parents, ils ont quel âge ?

En France, en général, les femmes ont leur premier enfant à 28 ans.
Et toi, quel âge avait ta maman quand tu es né(e) ?

Dans les familles françaises, il y a un ou deux enfants.

Et dans ta famille, il y a combien d'enfants ? Tu as des frères et des sœurs ?

L'anniversaire de tes parents

À toi ! Écris ta carte d'anniversaire.
Tu peux choisir d'écrire à ton père ou à ta mère.

Cher papa,	Chère maman,
....	....
....	....
....	....
....	....
....	....

En France, comme dans de nombreux pays, il existe d'autres fêtes pour les parents :

- la **fête des mères** : c'est le dernier dimanche du mois de mai. Les enfants fabriquent, en général à l'école, un cadeau pour leur maman ;
- la **fête des pères** : c'est le troisième dimanche du mois de juin ;
- la **fête des grands-mères** : c'est le premier dimanche du mois de mars.

Et rien pour les **grands-pères** !

En famille

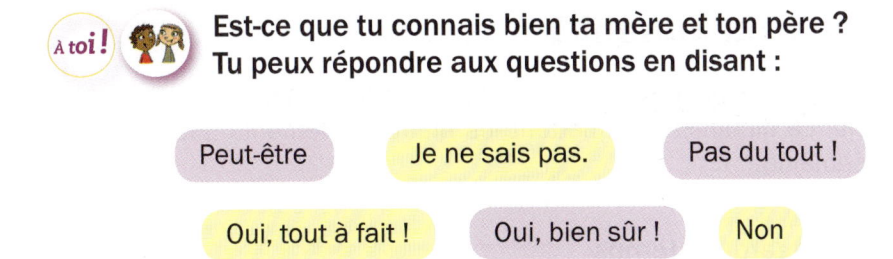

À toi ! Est-ce que tu connais bien ta mère et ton père ?
Tu peux répondre aux questions en disant :

Peut-être   Je ne sais pas.   Pas du tout !

Oui, tout à fait !   Oui, bien sûr !   Non

Tu peux aussi poser la question à ton voisin ou à ta voisine :

Est-ce que ta mère est sévère ?

Est-ce que ton père joue avec toi ?

Est-ce que ta mère travaille beaucoup ?

Est-ce que ton père fait du sport ?

Est-ce que ta mère a beaucoup d'amies ?

Est-ce que ton père lit le journal ?

Est-ce que ta mère aime jardiner ?

Est-ce que ton père aime bricoler ?

Est-ce que ta mère t'accompagne à l'école ?

Est-ce que tes parents sont sympas ?

Est-ce que ton père aime faire la cuisine ?

Est-ce que ta mère adore la musique ?

Est-ce que ton père aime le cinéma ?

Est-ce que ton père est drôle ?

En famille

Tu t'habilles comment ?

Les enfants français n'ont pas d'uniforme. Ils s'habillent comme ils veulent pour aller à l'école. Le dimanche, ils mettent les mêmes vêtements que les autres jours de la semaine.

À toi ! Regarde le temps qu'il fait et dis à ton voisin ou à ta voisine quels vêtements il faut mettre.

Et en hiver, tu t'habilles comment ?

Tu vas bien ?

À toi ! Écoute bien et note le numéro du dialogue sous chaque dessin.

À toi ! Écoute bien et dessine les émoticones.

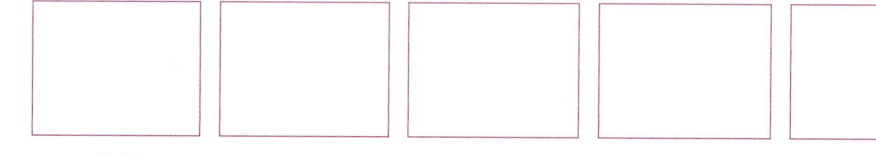

1   2   3   4   5

En famille

Les fêtes en famille : Noël

À toi ! Aide ta petite sœur / ton petit frère à écrire sa lettre au Père Noël. Tu peux t'aider des illustrations.

Cher Père Noël,

Je suis très sage.

Pour Noël, je voudrais ....

....

....

Et, si c'est possible, ...

....

Je t'embrasse,

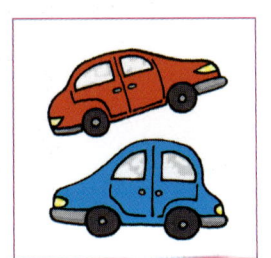

....

En France, en général, les enfants ouvrent les cadeaux le matin du 25 décembre.

En famille

Tu habites où ?

Dans les villes, les enfants français habitent tout près de leur école et ils y vont à pied. Dans les grandes villes, comme Paris, il y a très peu de maisons. On habite donc en appartement.

Dans les petites villes ou la campagne, les enfants prennent le bus pour aller à l'école. On l'appelle le « bus de ramassage scolaire ».

À toi ! Écoute bien et coche la case qui correspond à l'endroit où chaque enfant habite : une maison ou un appartement.

1		
2		
3		
4		
5		
6		

Et toi, où tu habites : dans une maison ou dans un appartement ?

À l'école

Septembre, c'est la rentrée !

Au début du mois de septembre, tous les enfants rentrent à l'école : ils découvrent leur nouvelle classe et leur nouvelle maîtresse ou leur nouveau maître.

En France, l'école est obligatoire de 6 à 16 ans.

Avant 6 ans, beaucoup d'enfants vont déjà à l'école maternelle.

- **À 6 ans,** on entre au CP (cours préparatoire) : c'est la 1re classe de l'école élémentaire.

- **À 7 ans,** on entre au CE1 (cours élémentaire 1re année).

- **À 8 ans,** on entre au CE2 (cours élémentaire 2e année).

- **À 9 ans,** on entre au CM1 (cours moyen 1re année).

- **À 10 ans,** on entre au CM2 (cours moyen 2e année).

Quand on est à l'école, on est un **écolier**.

Le premier jour de classe :

Je m'appelle Léa, et toi ?

Moi, je m'appelle François.

À l'école

Qui a inventé l'école ?

Il existe une chanson très célèbre qui raconte comment l'école a été inventée... Attention, c'est une légende !

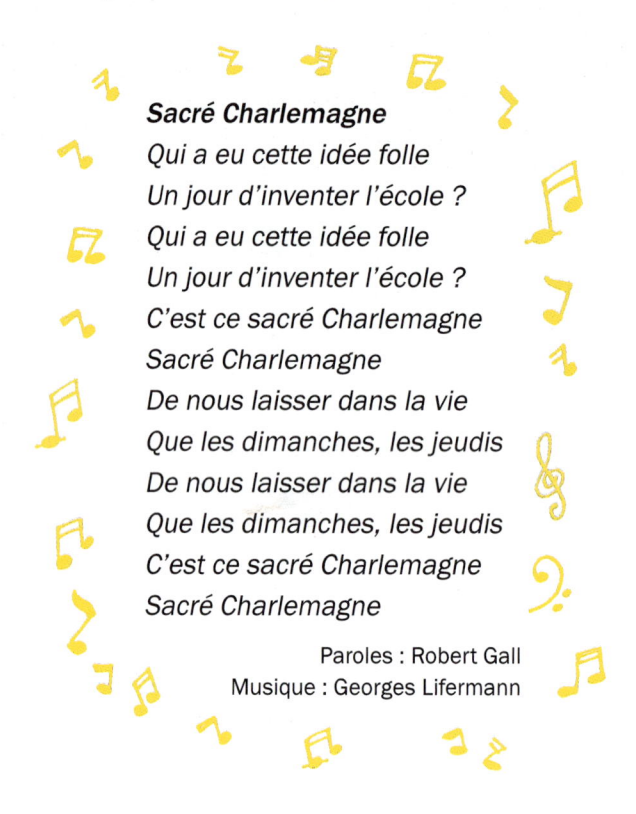

Sacré Charlemagne
*Qui a eu cette idée folle
Un jour d'inventer l'école ?
Qui a eu cette idée folle
Un jour d'inventer l'école ?
C'est ce sacré Charlemagne
Sacré Charlemagne
De nous laisser dans la vie
Que les dimanches, les jeudis
De nous laisser dans la vie
Que les dimanches, les jeudis
C'est ce sacré Charlemagne
Sacré Charlemagne*

Paroles : Robert Gall
Musique : Georges Lifermann

L'école pour les grands

- À partir de **11 ans**, on entre au collège : on est un **collégien**.
- À **15 ans**, on entre au lycée et on devient un **lycéen**.
- À **18 ans**, les lycéens passent un examen : le **baccalauréat**. Ils peuvent ensuite faire des études supérieures à l'université ou dans une grande école.

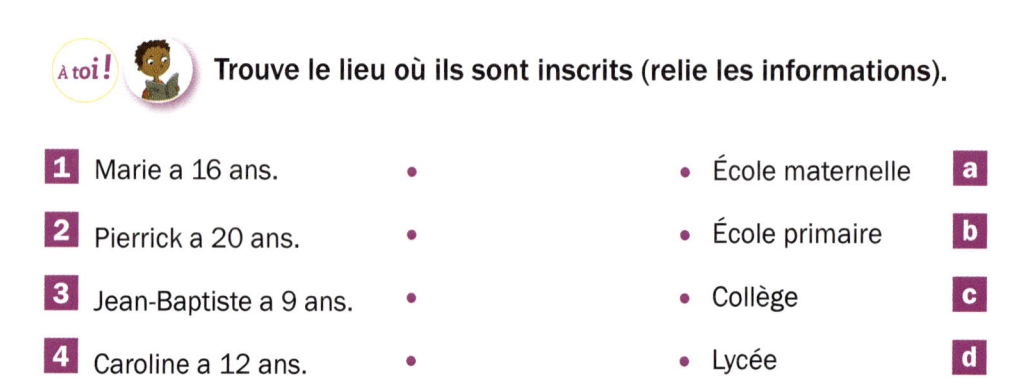

À toi ! Trouve le lieu où ils sont inscrits (relie les informations).

1. Marie a 16 ans.
2. Pierrick a 20 ans.
3. Jean-Baptiste a 9 ans.
4. Caroline a 12 ans.
5. Isabelle a 3 ans.

a. École maternelle
b. École primaire
c. Collège
d. Lycée
e. Université

À l'école

Une journée en classe

L'emploi du temps

La journée à l'école commence à 8 h 30 et se termine à 16 h 30.
Du CP au CM2, les écoliers ont des cours de mathématiques, de français, de sciences, d'histoire, de géographie et de dessin. Ils font également du sport et apprennent une langue étrangère. Le mercredi, il n'y a pas d'école ! Les enfants restent à la maison et peuvent faire du sport, de la musique et aussi leurs devoirs ! Voici un exemple d'emploi du temps :

	LUNDI	MARDI	JEUDI	VENDREDI
8 h 30	français	français	piscine	français
		mathématiques		calcul mental
10 h 15	récréation			
10 h 30	mathématiques	français	français	mathématiques
	français		mathématiques	poésie
12 h	repas			
13 h 30	chorale	mathématiques	géométrie et mesures	français
	géométrie et mesures	français	bibliothèque	mathématiques
14 h 30	récréation			
15 h 15	géométrie et mesures	découverte du monde	géométrie et mesures	mathématiques
	sport	arts plastiques	découverte du monde	découverte du monde
16 h 30	fin de la classe			

À toi ! Remplis le tableau pour présenter ton emploi du temps.

	LUNDI	MARDI	MERCREDI	JEUDI	VENDREDI	SAMEDI
8–9 h						
9–10 h						
10–11 h						
11–12 h						
12–13 h						
13–14 h						
14–15 h						
15–16 h						
16–17 h						

À l'école

La récréation

Pour se détendre, les écoliers ont deux récréations : une le matin et une l'après-midi. Pendant la récréation, les enfants jouent à la marelle, aux billes, à la corde, à « 1, 2, 3 soleil ! », à chat perché…

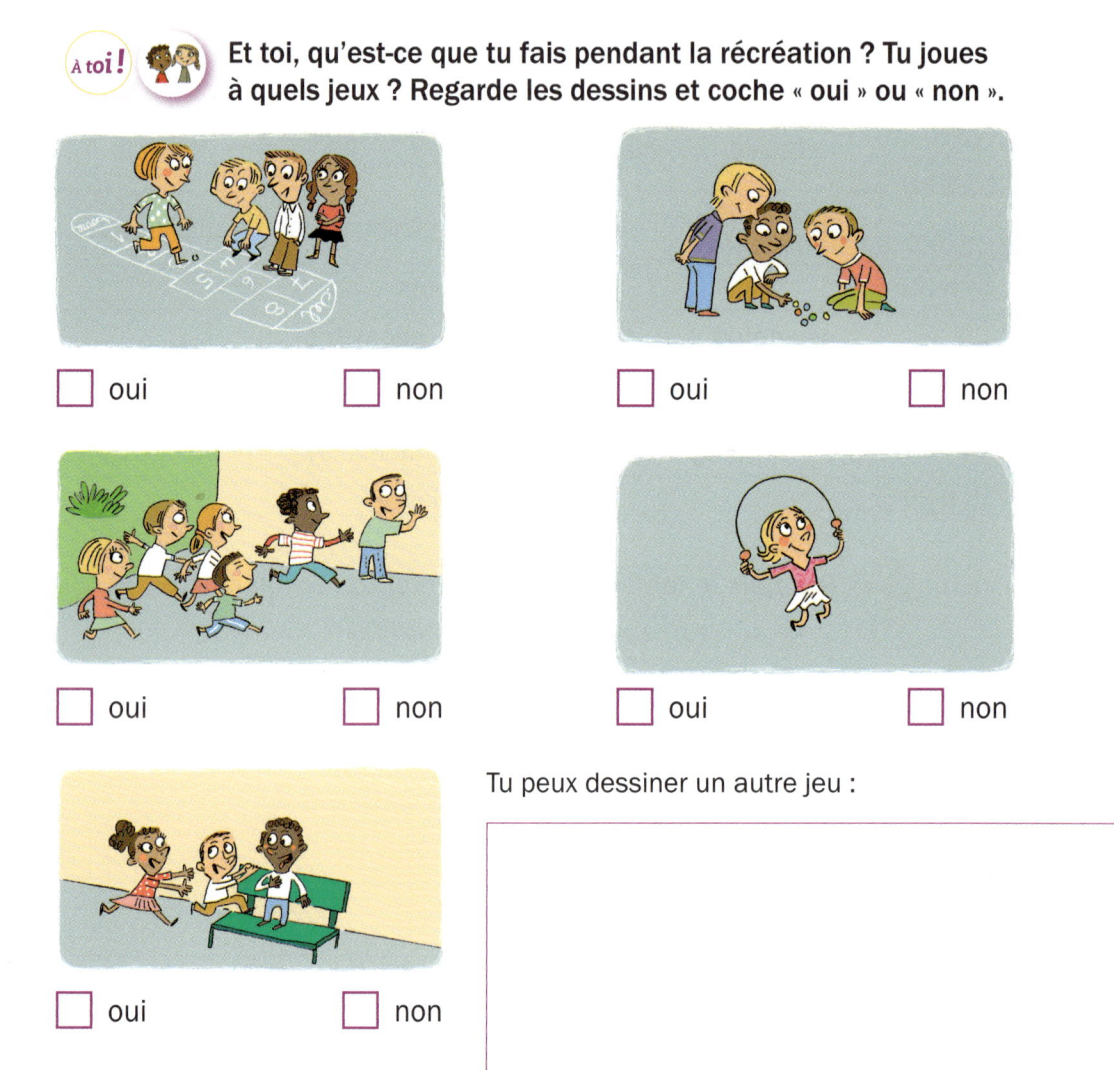

À toi ! Et toi, qu'est-ce que tu fais pendant la récréation ? Tu joues à quels jeux ? Regarde les dessins et coche « oui » ou « non ».

☐ oui   ☐ non   ☐ oui   ☐ non

☐ oui   ☐ non   ☐ oui   ☐ non

Tu peux dessiner un autre jeu :

☐ oui   ☐ non

À l'école

La cantine

À midi, les écoliers déjeunent à la cantine.

MIDI À LA CANTINE	
Carottes râpées	Haricots verts
Poulet rôti	Mousse au chocolat

À toi ! Écris tes menus préférés à la cantine et à la maison.

MIDI À LA CANTINE	MIDI À LA MAISON
....	....
....	....
....	....
....	....

Dans ton cartable

Tous les écoliers ont un cartable pour transporter leurs cahiers, leurs livres et leurs fournitures.

À toi ! C'est la rentrée des classes ! La maîtresse te donne la liste des fournitures à acheter. Entoure les dessins. Attention : il y en a cinq !

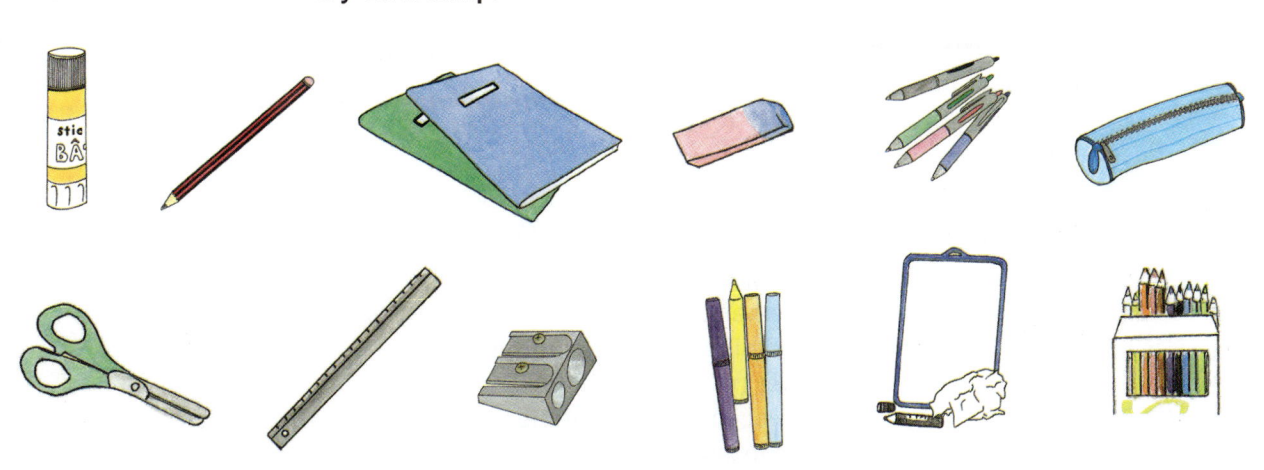

61

À l'école

Les petits problèmes à l'école

À toi ! Écoute les messages et note le numéro du message sous le dessin correspondant.

Tu connais l'expression « faire l'école buissonnière » ? Il y a longtemps, les enfants qui ne voulaient pas aller à l'école se cachaient dans les buissons. On disait : ils font l'école buissonnière !

Vive les vacances !

L'école commence début septembre et se termine début juillet. Pendant l'année scolaire, les enfants ont des vacances pour se reposer.

Voici le **calendrier des vacances** pour une année :
- octobre / novembre : 2 semaines (vacances de la Toussaint) ;
- décembre / janvier : 2 semaines (vacances de Noël) ;
- février / mars : 2 semaines (vacances d'hiver) ;
- avril / mai : 2 semaines (vacances de printemps) ;
- juillet / août : 2 mois (vacances d'été).

À l'extérieur

Les sorties

La ferme

Comme tous les enfants, les enfants français adorent les animaux. Ils vont leur rendre visite, les voir, à la ferme ou au zoo.

À toi ! Regarde l'exemple et relie les questions aux images qui correspondent.

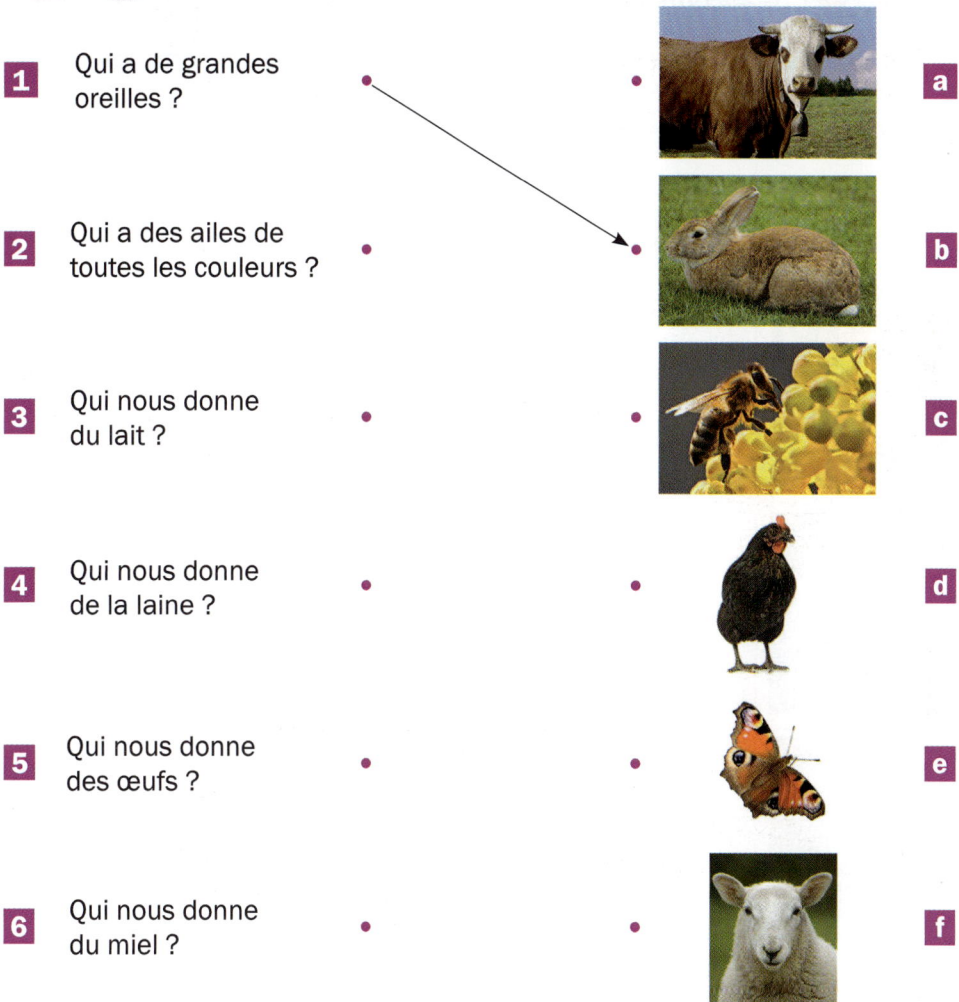

1. Qui a de grandes oreilles ?
2. Qui a des ailes de toutes les couleurs ?
3. Qui nous donne du lait ?
4. Qui nous donne de la laine ?
5. Qui nous donne des œufs ?
6. Qui nous donne du miel ?

a.
b.
c.
d.
e.
f.

À toi ! Écoute la chanson.

Une poule sur un mur
Qui picote du pain dur
Picoti, picota
Lève la patte
Et puis s'en va.

À l'extérieur

Le zoo

Il y a 28 zoos en France, il y a donc toujours un zoo assez proche du domicile des enfants. Le zoo, c'est la sortie du dimanche, en famille.

À toi ! Regarde les photos des animaux du zoo.

1. Pour chacun, indique si tu l'aimes :

un peu (♥), beaucoup (♥ ♥), pas du tout (✗).

2. Demande à ton / ta camarade s'il (si elle) l'aime puis complète.

	MOI	MON / MA CAMARADE
	Prénom :	Prénom : ....
	♥	

64

À l'extérieur

Le restaurant

Dans presque tous les restaurants, on trouve des « menus enfants ». Ces menus proposent aux enfants de manger ce qui leur plaît le plus : des frites !

À toi ! Regarde bien les « menus enfants » puis relie les questions aux menus qui correspondent.

1 Quel menu offre une surprise ?

2 Quel menu ne propose pas de frites ?

3 Quel restaurant propose un menu différent pour les filles et pour les garçons ?

a RESTAURANT DE LA PLACE — MENU ENFANT
POUR LES FILLES
Poisson pané – Riz
Yaourt aux fruits
POUR LES GARÇONS
Hamburger – Frites et salade
Compote de pommes

b LE MENU ENFANT
- 10 ANS : 5,90 €
1 mini pizza
+ frites
+ 1 dessert
+ 1 surprise

c Chez Manon — MENU ENFANT BIO
• Assiette du jardin
• Crumble aux fruits rouges

Les jeux : au jardin public ou au parc

À toi ! Regarde bien les illustrations et dis comment s'appelle ce jeu dans ton pays. Demande à ton professeur comment s'appelle ce jeu en français.

1  2  3  4

À l'extérieur

Vocabulaire : les couleurs de la vie

Blanc
Le papier est blanc.

Blanche 
La neige est blanche.

Gris 
Un chat gris.

Grise 
Une souris grise.

Noir 
Un tableau noir.

Noire 
Une nuit noire.

Rouge 
Oh le joli nez rouge !

Rose 
Elle a les joues bien roses.

Orange 
Attention, le feu est orange !

Jaune 
En France, les boîtes aux lettres sont jaunes.

Vert 
Un lézard vert.

Verte 
Très jolie cette grenouille verte !

Bleu 
Le ciel est vraiment bleu !

Bleue 
La mer est toute bleue !

Violet 
Un papillon violet.

Violette 
Ces jolies fleurs violettes s'appellent des violettes !

Marron 
Les marrons sont... marron !

À l'extérieur

Complète avec la bonne couleur. Fais attention aux mots masculins (le ciel, un cahier) et aux mots féminins (la mer, une voiture).

1. Le ballon de football est .... et ....

2. L'arbre est ....

3. La mer est ....

4. L'herbe est ....

5. L'orange est .... !

6. Le soleil est ....

7. La rose est souvent ....

Vocabulaire : les couleurs des fruits et des légumes

Complète avec la bonne couleur.

La tomate est ....

Le chou-fleur est ....

Les haricots sont ....

La pomme est ....

67

À l'extérieur

La météo

À toi ! Écoute bien et note le numéro de la phrase entendue (comme dans l'exemple).

1	Je n'aime pas le vent !
	Quel beau soleil !
	Oh ! Il pleut ! Impossible d'aller à la plage.
	Il y a beaucoup de nuages, je prends mon parapluie ?
	Maman, lève-toi ! Regarde, il neige !

À toi ! Observe les dessins. Écoute bien les phrases puis recopie les phrases sous les dessins correspondants.

Il pleut – Il neige – Il fait beau, il y a du soleil – Il y a du vent – Il y a des nuages – Il fait chaud – Il fait froid.

....

....

....

À toi ! Écoute les chansons.

Bateau sur l'eau
La rivière, la rivière
Bateau sur l'eau
La rivière au bord de l'eau !
[…]

Refrain
Jamais monotone,
La pluie qui chantonne,
À tout petit bruit ti ti ti ti ti.
Jamais monotone,
La pluie qui chantonne,
Sur mon parapluie ti ti ti ti ti.

Au travail

Les commerçants de mon quartier

En France, dans les villes et les villages, on trouve des commerçants chez qui on peut aller faire ses courses... Découvrons leur métier !

À toi ! Regarde l'exemple et relie les questions aux images qui correspondent.

1. Qui vend du pain et des croissants ?
2. Qui vend des fruits et des légumes ?
3. Qui vend des steaks et du saucisson ?
4. Qui vend de jolis bouquets de fleurs ?
5. Qui peut te couper les cheveux ?

a
b 
c 
d 
e 

À toi ! Écoute bien et écris à côté de l'image le nom du métier qui correspond.

69

Au travail

Les personnes qui s'occupent des autres

À toi ! Lis les descriptions et complète le tableau en écrivant avec tes propres mots.

Le dentiste	soigne les dents.
L'infirmier	aide les médecins et soigne les malades.
Le pédiatre	....
Le médecin	soigne les personnes.
Le policier	....
Le vétérinaire	soigne les animaux.
Le pompier	....
Le professeur	....

À toi ! Regarde les photos. Écris sous chaque photo le nom du métier qui correspond.

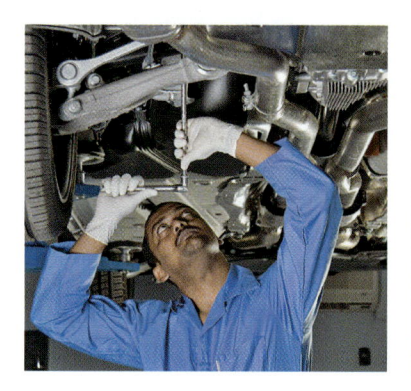

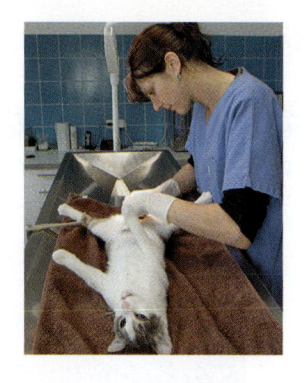

Au travail

....

À toi ! Regarde bien les objets puis écris sous chaque objet le nom du métier qui correspond.

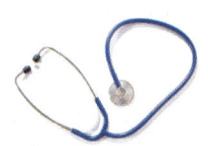

....

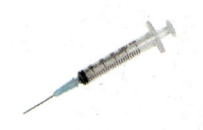

....

Mes parents travaillent...

Pendant que tu es à l'école, que font tes parents toute la journée ? Comme les parents des petits Français, ils travaillent. En France, il y a 27 millions de personnes qui travaillent.

À toi ! Quel est le métier de ta maman ? Que fait ton papa ? Où travaillent tes parents ? Complète le texte.

Mon papa travaille dans ....

Il est ....

Il aime son travail. Le matin, il commence son travail à .... heures.

Ma maman est .... Elle travaille à ....

Le soir, elle termine son travail à ....

71

Au travail

Le jeu des métiers

À toi ! Est-ce que tu connais ces métiers ? Tu sais les dire en français ? Écoute la consigne donnée par ton professeur.

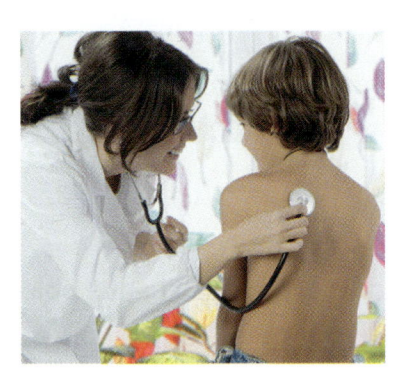

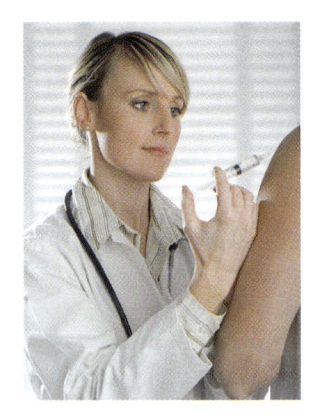

Tu peux maintenant te déguiser pour mimer le métier que tu aimes. Tu peux fabriquer ton costume avec du papier de couleur et des morceaux de tissus.

DIPLÔME D'ÉTUDES EN LANGUE FRANÇAISE
DELF Prim A1.1

Niveau A1.1 du Cadre européen commun de référence pour les langues

Épreuves collectives	Durée	Note sur
Compréhension de l'oral Réponse à des questionnaires de compréhension portant sur de très courts documents enregistrés ayant trait à des situations de la vie quotidienne (deux écoutes).	15 minutes	/25
Compréhension des écrits Réponse à des questionnaires de compréhension portant sur des documents écrits simples ayant trait à des situations de la vie quotidienne.	15 minutes	/25
Production écrite Épreuve en trois parties : – écrire des informations personnelles ; – compléter un message ou une histoire simple ; – rédiger un message simple.	15 minutes	/25

Durée totale des épreuves collectives : 45 minutes

Épreuve individuelle	Durée	Note sur
Production orale Épreuve en deux parties : 1. entretien dirigé ; 2. activités d'expression portant sur des personnages, des objets, des lieux de la vie quotidienne.	15 minutes	/25

Durée totale : 60 minutes
Seuil de réussite pour l'obtention du diplôme DELF Prim A1.1 : 50/100
Note minimale requise par épreuve : 5/25

Note totale : **/100**

Compréhension de l'oral

Exercice 1
8 points

Regarde les dessins.
Écoute les petits dialogues et coche la case sous le dessin, comme dans l'exemple.

Exemple :

Tu entends :
Dialogue 1 : – Juan, tu as vu mon vélo ?
– Oui, il est dans le jardin.
– Ah oui, il est dans le jardin, contre le mur !

Où est le vélo ?

Écoute encore :
Dialogue 1 : – Juan, tu as vu mon vélo ?
– Oui, il est dans le jardin.
– Ah oui, il est dans le jardin, contre le mur !

Où est le vélo ?

Tu coches la case sous le dessin correspondant.

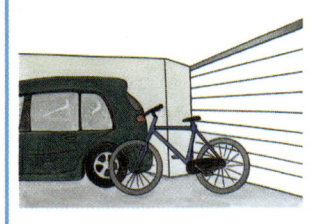

☐   ☐   ☒

Attention, nous commençons ! Écoute bien.

Dialogue 2 :

☐   ☐   ☐

Dialogue 3 :

☐   ☐   ☐

Épreuve blanche - A1.1

Dialogue 4 :

☐   ☐   ☐

Dialogue 5 :

☐   ☐   ☐

Exercice 2

8 points

Regarde les dessins. Écoute les messages et note le numéro du message sous le dessin correspondant.
Attention, nous commençons ! Écoute bien.

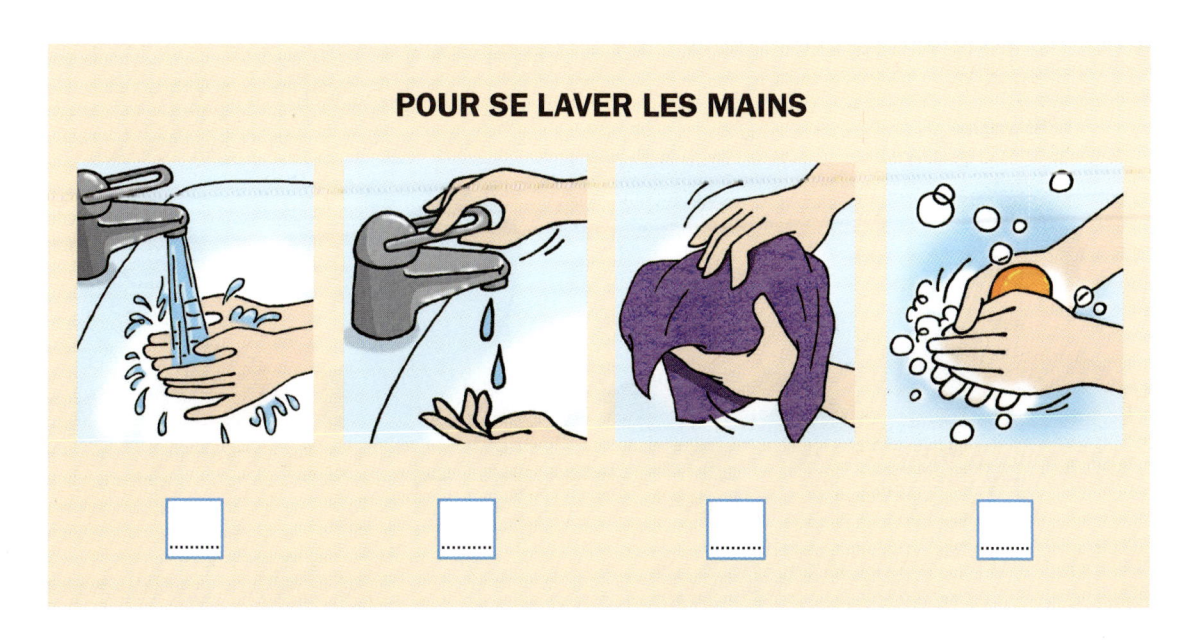

POUR SE LAVER LES MAINS

☐   ☐   ☐   ☐

Compréhension de l'oral

Exercice 3

9 points

Regarde les dessins. Écoute les petits dialogues et coche la case sous le dessin correspondant.
Attention, nous commençons ! Écoute bien.

Dialogue 1 :

☐   ☐   ☐   ☐

Dialogue 2 :

☐   ☐   ☐   ☐

Dialogue 3 :

☐   ☐   ☐   ☐

76

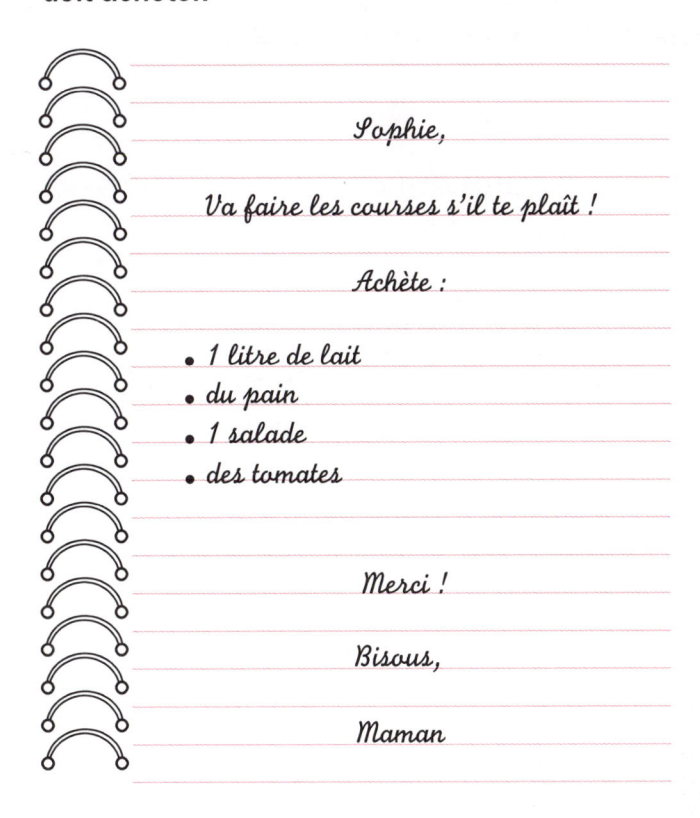

Compréhension des écrits

Exercice 1

4 points

Lis bien le petit mot puis entoure les 4 produits que Sophie doit acheter.

> Sophie,
>
> Va faire les courses s'il te plaît !
>
> Achète :
>
> - 1 litre de lait
> - du pain
> - 1 salade
> - des tomates
>
> Merci !
>
> Bisous,
>
> Maman

77

Compréhension des écrits

Exercice 2   6 points

Lis le document et réponds aux questions.

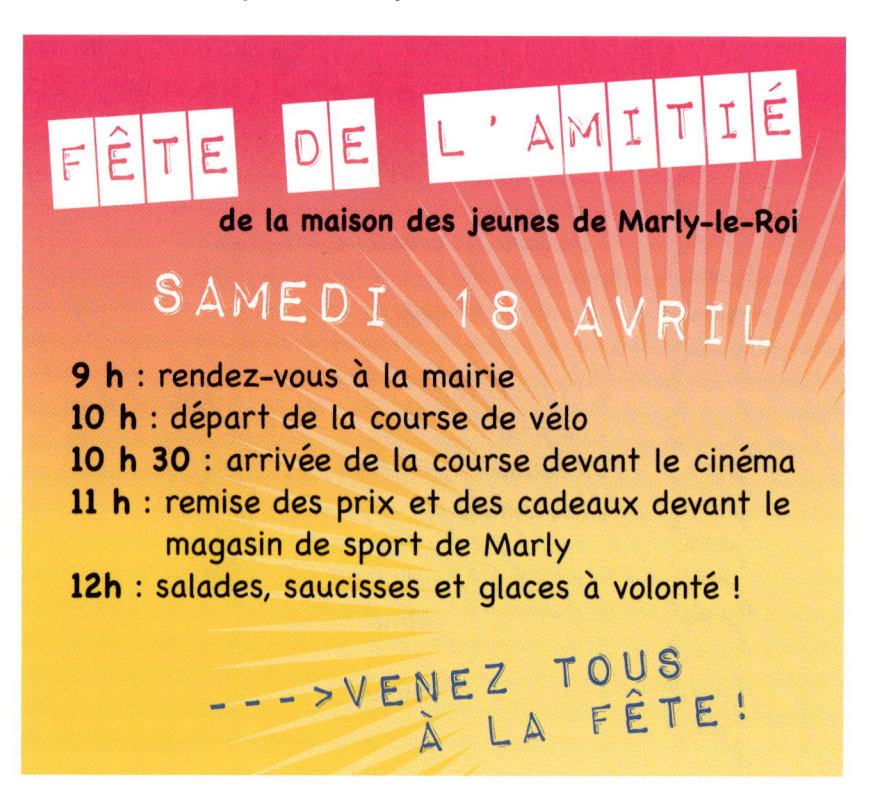

FÊTE DE L'AMITIÉ
de la maison des jeunes de Marly-le-Roi

SAMEDI 18 AVRIL

9 h : rendez-vous à la mairie
10 h : départ de la course de vélo
10 h 30 : arrivée de la course devant le cinéma
11 h : remise des prix et des cadeaux devant le magasin de sport de Marly
12h : salades, saucisses et glaces à volonté !

---->VENEZ TOUS À LA FÊTE !

1. La course de vélo part :

☐ de la maison des jeunes   ☐ du cinéma
☐ de la mairie   ☐ du magasin de sport

2. À quelle heure arrive la course ?

....

3. À midi, qu'est-ce qu'on peut manger ?

☐ ☐ ☐ ☐

Épreuve blanche - A1.1

Exercice 3 15 points

Relie les instructions aux images qui correspondent.

À LA PISCINE

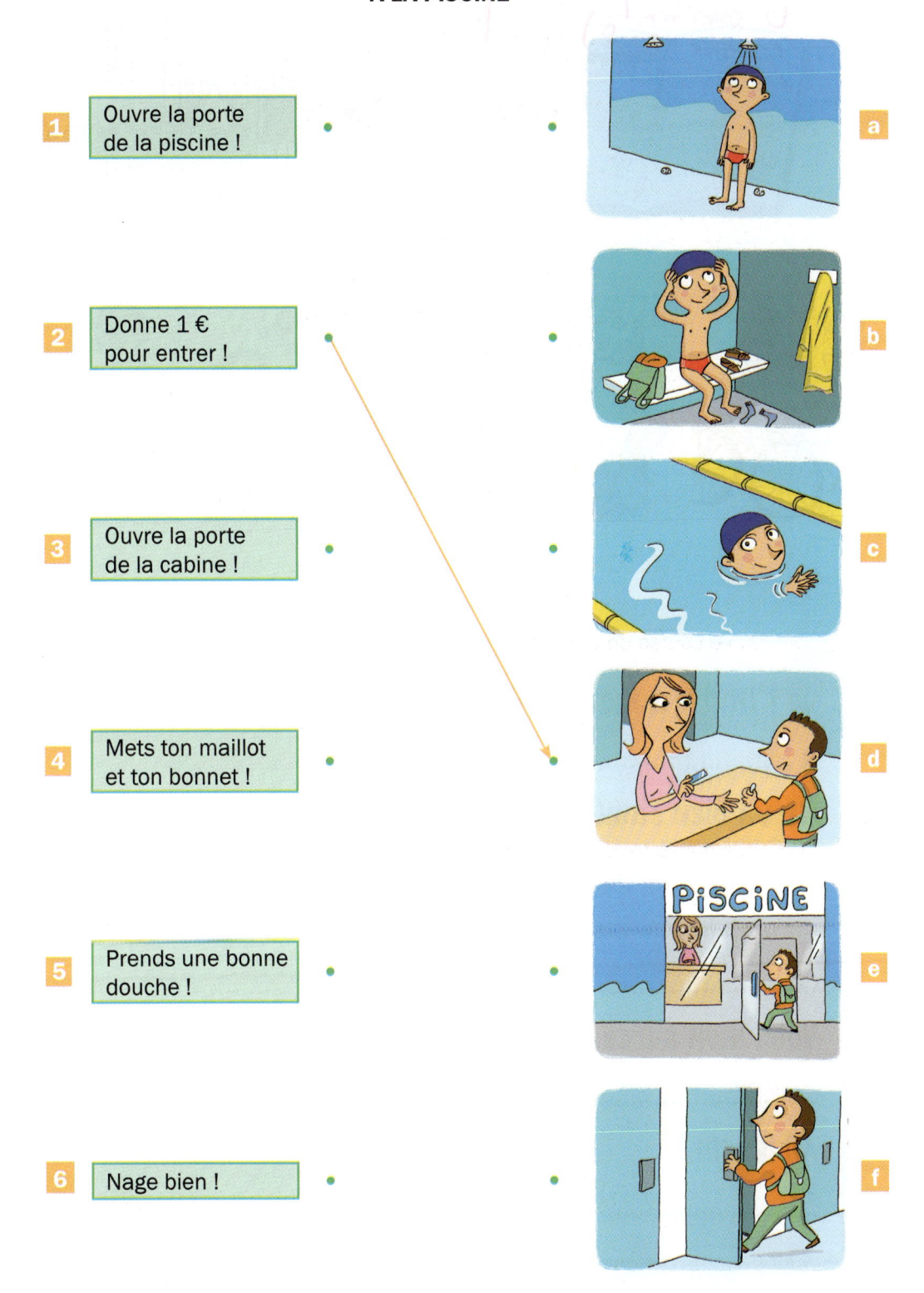

1. Ouvre la porte de la piscine !
2. Donne 1 € pour entrer !
3. Ouvre la porte de la cabine !
4. Mets ton maillot et ton bonnet !
5. Prends une bonne douche !
6. Nage bien !

a, b, c, d, e, f

79

Production écrite

Exercice 1   7 points

C'est bientôt ton anniversaire ! Regarde les illustrations et complète l'invitation pour tes amis.

Je t'invite à mon anniversaire le ....
à ....
On va bien s'amuser. Voici le programme :
....
....
....
Voici mon adresse :
....
À bientôt !

....

80

Épreuve blanche - A1.1

Exercice 2 8 points

Aide Paola à écrire une lettre en français à son amie Isabelle. Remplace les dessins par les mots, comme dans l'exemple :

🎂 9 ans.

Salut Isabelle,

Je m'appelle Paola et j'habite en Espagne.

J'ai 🎂 9 ans.

J'ai un 🐱 .... et deux 🐶 ....

C'est ma 👩 .... qui vient me chercher à l'école.

Quand j'arrive à la maison, je prends mon goûter.

J'aime beaucoup 🧃 ....

Après je 📖 ....

J'aime faire du 🚲 .... avec des 👫 ....

J'espère recevoir une ✉️ .... de toi bientôt !

Paola

Production écrite

Exercice 3

10 points

Ta maman va faire les courses. Elle te demande de lui donner ta liste. Tu lui demandes d'acheter 5 produits. Tu peux t'aider des images !

Maman, s'il te plaît, achète :

-
-
-
-
-

Production orale

Épreuve blanche - A1.1

Activité 1 – Entretien dirigé : parler de soi — 5 minutes

1. Questions sur l'identité

– Quel est ton nom ? Tu t'appelles comment ? Tu peux épeler ton nom ? Martin, c'est ton prénom ou ton nom ?

– Quel âge as-tu ? / Tu as quel âge ?

– Quelle est ta nationalité ? Je suis français(e), et toi ? Tu es de quelle nationalité ?

2. Questions sur la famille et les animaux domestiques

– Tu as des frères et sœurs ? Comment ils s'appellent ? Ils ont quel âge ? Qu'est-ce qu'ils font ?

– À la maison, tu parles quelle(s) langue(s) ? Avec tes parents ? Avec tes frères et sœurs ?

– Tu as un animal ? Comment s'appelle-t-il ? Il est comment ?

3. Questions sur la maison

– Tu habites où ? / Où est-ce que tu habites ? Tu habites dans une maison ou un appartement ?

– Quelle est ton adresse ?

4. Questions sur les loisirs

– Qu'est-ce que tu fais après l'école ? Le week-end ?

– Qu'est-ce que tu aimes faire pendant les vacances ?

– Tu aimes regarder la télévision ? Quel est ton programme préféré ?

– Quelles sont tes couleurs préférées ? Quel est ton sport préféré ? Quel est ton jeu préféré ?

5. Questions sur la classe

– Qu'est-ce que tu aimes le plus dans ta classe de français ?

– Quelle est ta matière préférée ?

Production orale

Épreuve blanche - A1.1

Activité 2 – Échange d'informations : exprimer ses goûts

Choisis 3 images. Dis si tu sais ce que c'est, si tu aimes ou si tu n'aimes pas, si tu pratiques ce sport, etc.
Dis aussi pourquoi tu as choisi cette image.

Activité 3 – Échange d'informations : faire une description simple

Choisis une image.
Qu'est-ce que tu vois ?
Décris les personnages.

DIPLÔME D'ÉTUDES EN LANGUE FRANÇAISE
DELF Prim A1

Niveau A1 du Cadre européen commun de référence pour les langues

Épreuves collectives

	Durée	Note sur
Compréhension de l'oral Réponse à des questionnaires de compréhension portant sur trois ou quatre très courts documents enregistrés ayant trait à des situations de la vie quotidienne (deux écoutes). *Durée maximale des documents : 3 minutes*	20 minutes	/25
Compréhension des écrits Réponse à des questionnaires de compréhension portant sur quatre ou cinq documents écrits ayant trait à des situations de la vie quotidienne.	30 minutes	/25
Production écrite Épreuve en deux parties : – compléter une fiche, un formulaire ; – rédiger des phrases simples (cartes postales, messages, légendes…) sur des sujets de la vie quotidienne.	30 minutes	/25

Épreuve individuelle

	Durée	Note sur
Production orale Épreuve en trois parties : 1. entretien dirigé ; 2. échange d'informations ; 3. dialogue simulé.	5 à 7 minutes	/25

Durée totale des épreuves collectives : 1 heure et 20 minutes
Seuil de réussite pour l'obtention du diplôme DELF Prim A1 : 50/100
Note minimale requise par épreuve : 5/25

Note totale	**/100**

Compréhension de l'oral

Exercice 1
8 points

Regarde les dessins. Écoute les messages et note le numéro du message comme dans l'exemple.

Exercice 2
8 points

Regarde les dessins. Écoute les petits dialogues et note le numéro du dialogue à côté du dessin correspondant.

Épreuve blanche - A1

Exercice 3

9 points

Lis les 3 questions. Regarde les dessins. Écoute le message et réponds aux questions. Coche la bonne réponse.
Nous commençons. Écoute bien !

1. Mercredi, il y a...

☐ ☐

☐ ☐

2. Les enfants vont...

☐ faire du vélo ☐ jouer dans la piscine ☐ se promener dans la forêt

3. Il faut apporter...

☐ ☐ ☐ ☐

87

Compréhension des écrits

Exercice 1 4 points

Lis ce petit message puis réponds aux questions.

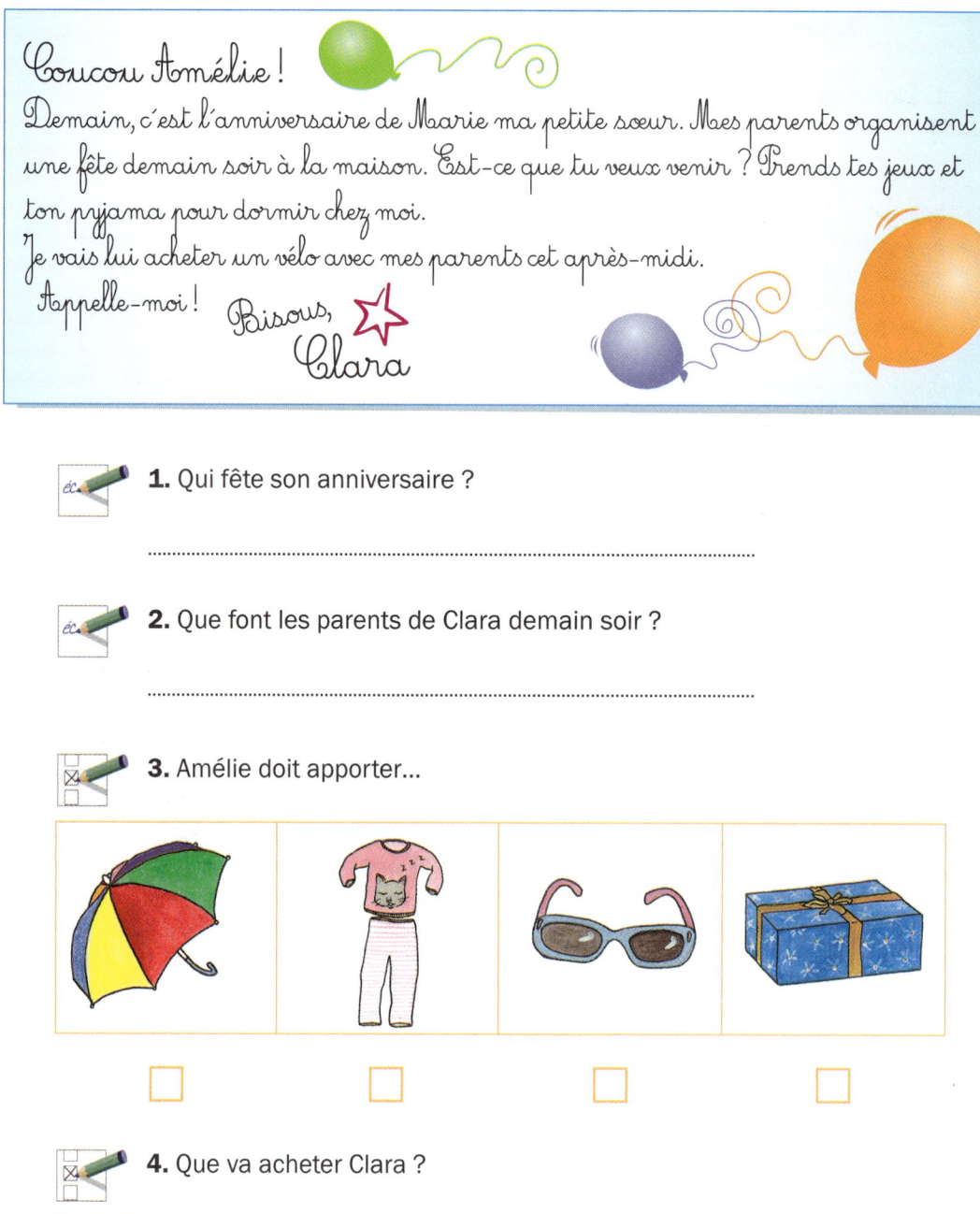

> Coucou Amélie !
> Demain, c'est l'anniversaire de Marie ma petite sœur. Mes parents organisent une fête demain soir à la maison. Est-ce que tu veux venir ? Prends tes jeux et ton pyjama pour dormir chez moi.
> Je vais lui acheter un vélo avec mes parents cet après-midi.
> Appelle-moi !
> Bisous,
> Clara

1. Qui fête son anniversaire ?

....

2. Que font les parents de Clara demain soir ?

....

3. Amélie doit apporter...

☐ ☐ ☐ ☐

4. Que va acheter Clara ?

☐ ☐ ☐ ☐

Épreuve blanche - A1

Exercice 2

5 points

Tu fabriques une carte pour l'anniversaire de ta maman.
Note le numéro de l'instruction sous l'image qui correspond.
Attention, il y a 5 instructions et 6 images !

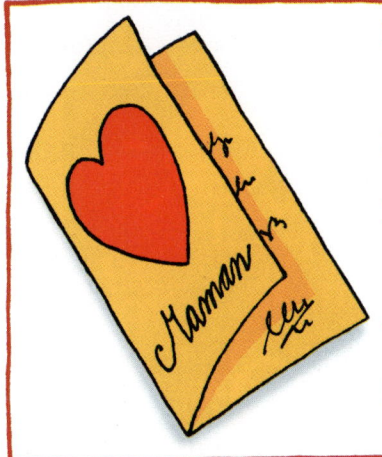

1. Dessine un cœur sur une feuille de papier.
2. Découpe le cœur.
3. Plie un morceau de carton en deux.
4. Colle le cœur sur le carton.
5. Écris un message dans la carte.

Compréhension des écrits

Exercice 3

8 points

Tu es en France et tu vois cette affiche dans la rue. Lis ce document et réponds aux questions.

Viens fêter ton anniversaire au parc municipal !

Mercredi 1er septembre

Au programme...

chasse au trésor
jeu de croquet
promenades à poney
découverte des jardins
visite aux animaux
gâteau d'anniversaire

Venez faire la fête !

A partir de 15 € par enfant (de 5 à 15 ans)
Renseignements - Réservations :
parcmunicipal@mail.com ou 04 65 89 67 98

1. Quelle est la date de la fête ?

....

2. La fête est :

☐ dans le parc   ☐ dans la salle des fêtes   ☐ dans l'école

3. Combien coûte l'entrée ?

☐ 5 €   ☐ 10 €   ☐ 15 €

4. On peut...

☐   ☐   ☐

Épreuve blanche - A1

Exercice 4

8 points

Lis le texte et réponds aux questions.

Le dimanche matin, à Nîmes dans le sud de la France, tu peux faire une grande promenade à vélo. C'est génial ! Chaque semaine, il y a 5000 personnes de 7 à 77 ans. La promenade commence à 9 h devant les Arènes. Il y a aussi des gens à pied et en rollers. À midi, tout le monde s'arrête dans les Jardins de la Fontaine pour déjeuner.

1. La promenade est le :

☐ vendredi ☐ samedi ☐ dimanche

2. Combien de personnes participent à la promenade ?
....

3. Où est le départ ?
....

4. On peut...

☐ ☐

☐ ☐

Production écrite

Épreuve blanche - A1

Exercice 1

10 points

Tu t'inscris à la bibliothèque du centre culturel français. Remplis cette fiche de renseignements.

FICHE D'INSCRIPTION

Ton prénom : ....

Ton âge : ....

Ta nationalité : ....

Ta date de naissance : ....

Le nom de la ville où tu habites : ....

Ton adresse : ....

Le nom de ton école : ....

Tu apprends le français depuis : .... an(s)

Exercice 2

15 points

Tu écris une petite lettre en français à un(e) ami(e) pour lui raconter ton voyage en France. Présente tes amis français. Explique-lui ce que tu fais (5 lignes minimun).
Tu peux t'aider des dessins !

Cher / Chère ....
....
....
....
....
....

Production orale

Épreuve blanche - A1

Activité 1 – Entretien dirigé : parler de soi   5 minutes

1. Questions sur l'identité

– Quel est ton nom ? Tu t'appelles comment ?
– Quelle est ta nationalité ? Je suis français(e), et toi ? Tu es de quelle nationalité ?

2. Questions sur la famille

– Tu as des frères et sœurs ? Ils ont quel âge ?
– Tu habites avec tes frères et sœurs ?
– À la maison, tu parles quelle(s) langue(s) ? Avec tes parents ? Avec tes frères et sœurs ?

3. Questions sur la maison

– Tu habites où ? Tu as une grande maison ?
– Il y a combien de chambres dans ta maison ?
– Tu as un jardin ?
– Quelle est ton adresse ?

4. Questions sur les loisirs

– Qu'est-ce que tu fais après l'école ? Le mercredi ? Le week-end ?
– Tu aimes écouter de la musique ?
– Tu aimes aller au cinéma ? Quel film/dessin animé tu préfères ?

Production orale

Activité 2 – Échange d'informations

5 minutes

Regarde ces dessins qui racontent une histoire. Raconte cette histoire. Dis ce qu'il se passe dans chaque dessin.

Épreuve blanche - A1

Activité 3 – Dialogue simulé

5 minutes

Regarde ces deux situations et choisis-en une.

Situation 1 : le goûter

Il est 16 h, l'heure du goûter. Tu es avec un(e) ami(e) français(e) et vous choisissez quelque chose à manger.

Situation 2 : à la librairie

Tu veux t'acheter un livre en français.
Tu poses des questions au libraire.

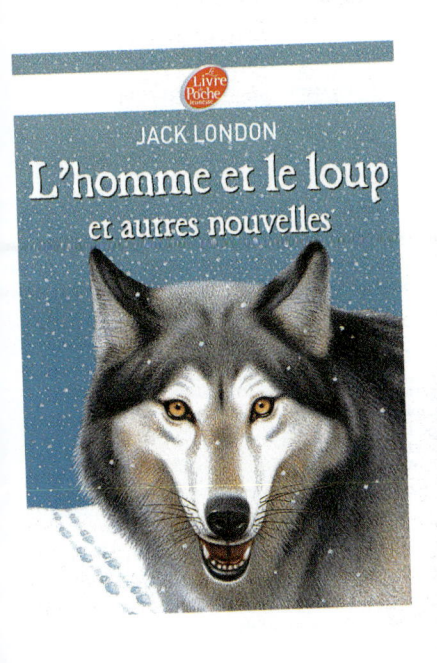

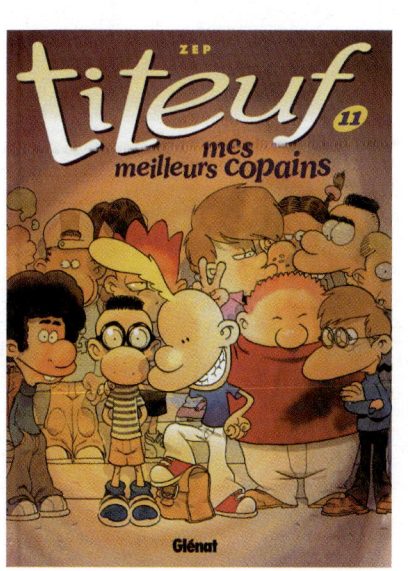

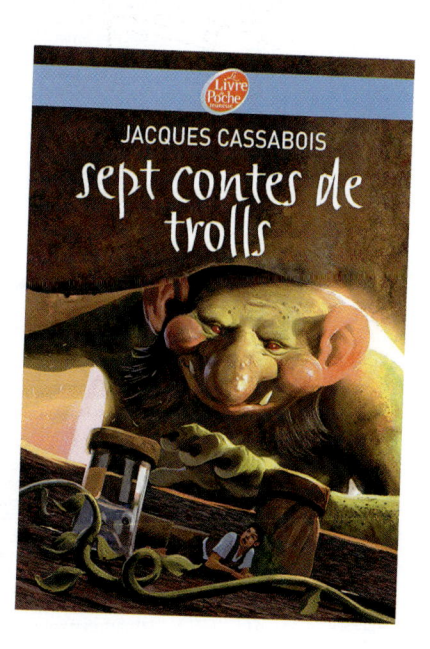

Crédits iconographiques

Page	Position	Copyright
5	1	N M / Fotolia.com
5	2	Pawel Nowik / Fotolia.com
5	3 + p63.b	UK / Fotolia.com
5	4	Eric Isselée / Fotolia.com
5	5	Alex / Fotolia.com
5	6	Terex / Fotolia.com
5	7	Roman Sigaev / Fotolia.com
5	8	NLPhotos / Fotolia.com
6		Rachid Amrous / Fotolia.com
22	1	Eric Isselée / Fotolia.com
22	2	Eric Isselée / Fotolia.com
22	3	Brenda Carson / Fotolia.com
22	4	Eric Isselée / Fotolia.com
22	5	Enens / Fotolia.com
22	6	Eric Isselée / Fotolia.com
22	7	Anna Jaworska / Fotolia.com
22	8	Andreas Meyer / Fotolia.com
29		© Monnaie de Paris
30	1	Sashagala / Fotolia.com
30	2	Chris32m / Fotolia.com
30	3 + p87.3	Stjepan Banovic / Fotolia.com
30	4	Marek Kosmal / Fotolia.com
31	1	Pasq / Fotolia.com
31	2	© Astrapi - Bayard Jeunesse
31	3	Llja Mašík / Fotolia.com
31	4	Christian Bernd / Fotolia.com
34		Document prêté par : Parc de Wesserling - Musée textile de Haute-Alsace
35	a	Pixeltrap / Fotolia.com
35	b	Dephoto / Fotolia.com
35	c	Brian Jackson / Fotolia.com
35	d	© Aurélia Galicher
36		Collection ChristopheL
38		Avec l'aimable autorisation de la rédaction de J'aime lire, Bayard Presse. © J'aime lire. Illustration : Antoine Ronzon
39		Hallgerd / Fotolia.com
40		© Astrapi - Bayard Jeunesse
43	bd	Ghost / Fotolia.com
43	bg	Helix / Fotolia.com
43	hd	Denis Dryashkin / Fotolia.com
43	hg	Andrzej Tokarski / Fotolia.com
43	hm	Exquisine / Fotolia.com
43	md	Albo / Fotolia.com
43	mg	Jérôme Salort / Fotolia.com
43	mm	Artyom Yefimov / Fotolia.com
44	1	Cateloy Fabrice / Hoa-Qui / Eyedea
44	2 + p70 hg	Danielle Bonardelle / Fotolia.com
44	3	Xavierhann / Fotolia.com
44	4	Etienn280 / Fotolia.com
44	5	Monkey Business / Fotolia.com
44	6	Alison Bowden / Fotolia.com
47	1	Collection ChristopheL
47	10	Joël Petit / Fotolia.com
47	11	Igor Negovelov / Fotolia.com
47	12	Laurent / Fotolia.com
47	13	Charles Taylor / Fotolia.com
47	14	Uros Petrovic / Fotolia.com
47	2	Collection ChristopheL
47	3	Collection ChristopheL
47	4	© Citel Vidéo
47	5	Orlando Florin Rosu / Fotolia.com
47	6	Gol / Fotolia.com
47	7	Cynoclub / Fotolia.com
47	8	Elenathewise / Fotolia.com
47	9	Graça Victoria / Fotolia.com
49	bd	PhotoAlto / Eric Audras / Getty Images
49	bg	Nir Kafri / Gamma / Eyedea
49	hd	Patrick Allard / REA
49	hg	JGI / Jamie Grill / Getty Images
50		Guide 2010 des prénoms, tout pour bien choisir le prénom de bébé, Paul Corinte © Solar Editions
54	bd	Alexander Kalina / Istockphoto.com
54	bg	Unclesam / Fotolia.com
54	bm	Roman Sigaev / Fotolia.com
54	bm	Roman Sigaev / Fotolia.com
54	hd	Philippe Devanne / Fotolia.com
54	hg	Stocksnapper / Fotolia.com
54	hm	Dja65 / Fotolia.com
54	md	Vlorzor / Fotolia.com
54	mg	Izaokas Sapiro / Fotolia.com
56	bd	La Montgolfière / Fotolia.com
56	bg	VGoodrich / Fotolia.com
56	h	Mychele Daniau / AFP
57		Picture Partners / Hoa-Qui / Eyedea
63	a	Emmanuel Maillot / Fotolia.com
63	c	Zoltán Futó / Fotolia.com
63	d	Arnowssr / Fotolia.com
63	e	NfrPictures / Fotolia.com
63	f	Natashahorsburgh / Fotolia.com
64	1	Guillaume Aubrat / Fotolia.com
64	2	Thierry Lucet / Fotolia.com
64	3	Markus Winkel / Istockphoto.com
64	4	Reprografiker / Fotolia.com
64	5	Clara Prud Homme / Fotolia.com
66	1	Nimbus / Fotolia.com
66	10	Martin Valigursky / Fotolia.com
66	11	Free Photo / Fotolia.com
66	12	Mattei / Fotolia.com
66	13	Addingt / Fotolia.com
66	14	Elenathewise / Fotolia.com
66	15	Frédéric Prochasson / Fotolia.com
66	2	Philippe Devanne / Fotolia.com
66	3	Eric Isselée / Fotolia.com
66	4	Oleg Kozlov / Fotolia.com
66	5	Marek / Fotolia.com
66	6	Grzegorz Kwolek / Fotolia.com
66	7	Pierre Jayet / Fotolia.com
66	8	© Pascale Spitz
66	9	Isabelle Barthe / Fotolia.com
67	bd	Olga Lermolaieva / Fotolia.com
67	bg	Thierry Hoarau / Fotolia.com
67	hd	Pascal Martin / Fotolia.com
67	hg	Gilles Paire / Fotolia.com
69	a	Laurent Davaine / Fotolia.com
69	b	Monkey Business / Fotolia.com
69	c	Chlorophylle / Fotolia.com
69	d	Jérôme Delahaye / Fotolia.com
69	e	Contrastwerkstatt / Fotolia.com
70		Jérôme Dancette / Fotolia.com
70	bg	Gudmund / Fotolia.com
70	bm	Nano / Fotolia.com
70	hg	Sudheer Sakthan / Fotolia.com
70	hm	Andrey Kiselev / Fotolia.com
71	1	Eléonore H / Fotolia.com
71	2	Aline Caldwell / Fotolia.com
71	3	Sashagala / Fotolia.com
71	4	Xuejun Li / Fotolia.com
71	5	Bigabiga / Fotolia.com
71	6	Marc Chapelat / Fotolia.com
71	7	Shocky / Fotolia.com
71	8	Philippe Devanne / Fotolia.com
72	bd	Dauf / Fotolia.com
72	bg	Dušan Zidar / Fotolia.com
72	hd	Rémy Masseglia / Fotolia.com
72	hg	PhotoCD / Fotolia.com
72	md	Tomas Del Amo / Fotolia.com
72	mg	Monkey Business / Fotolia.com
72	mm	Lisa F. Young / Fotolia.com
76	1	Eric Isselée / Fotolia.com
76	2	Testudo Hermanni / Fotolia.com
76	3	Lotfi Mattou / Fotolia.com
76	4	Geronimo / Fotolia.com
77	bd	Seen / Fotolia.com
77	bg	Paul Bodea / Fotolia.com
77	bm	Morchella / Fotolia.com
77	hd	Tomboy2290 / Fotolia.com
77	hg	Sapsiwai / Fotolia.com
77	hm	Bernard Bailly / Fotolia.com
77	md	Xmasbaby / Fotolia.com
77	mg	Frédéric Boutard / Fotolia.com
77	mm	Andre / Fotolia.com
82	bd	Unclesam / Fotolia.com
82	bg	Dinostock / Fotolia.com
82	hd	Rafa Irusta / Fotolia.com
82	hg	Neo / Fotolia.com
82	hm	Benamalice / Fotolia.com
82	md	Yana / Fotolia.com
82	mg	Leonid Nyshko / Fotolia.com
82	mm	Thierry Hoarau / Fotolia.com
84	bd	Sean Prior / Fotolia.com
84	bg	Yuri Arcurs / Fotolia.com
84	bm	Denis Pepin / Fotolia.com
84	hd	EuToch / Fotolia.com
84	hg	Barbara Helgason / Fotolia.com
84	hm	Melisback / Fotolia.com
84	mg	Marc Dietrich / Fotolia.com
84	mg	Pascalcointe / Fotolia.com
84	mm	© Aurélia Galicher
87	1	Asaflow / Fotolia.com
87	2	Ronen / Istockphoto.com
87	3	Stjepan Banovic / Fotolia.com
87	4	Julia Nichols / Istockphoto.com
95	bd	Jacques Cassabois, Sept contes de trolls © Le livre de Poche Jeunesse - 2010.
95	bg	Jack London, L'Homme et le loup © Le livre de Poche Jeunesse - 2010. Illustration : Henri Galeron
95	bm	Titeuf, tome 11 par ZEP © Editions Glénat - 2006
95	hd	Stephanie Eckgold / Fotolia.com
95	hg	Studiotouch / Fotolia.com
95	hm	ES / Fotolia.com

Crédits Textes

58 — SACRÉ CHARLEMAGNE, Musique : Georges Lifermann, Paroles : Robert Gall © EDITIONS ET PRODUCTIONS SIDONIE SA. Avec l'aimable autorisation des Editions et Productions Sidonie SA

Nous avons recherché en vain les éditeurs ou les ayants droit de certains textes ou illustrations reproduits dans ce livre. Leurs droits sont réservés aux Éditions Didier.